消防職員のための
トリアージ
TRIAGE for the staff of fire station

監修／髙橋 功（手稲渓仁会病院救命救急センター長）
編集／玉川 進（国立病院機構旭川医療センター病理診断科）

東京法令出版

監修の言葉

　大規模災害では、限られた資源を最大限に活用して、可能な限り多くの傷病者を救命することが求められます。そのためには、傷病者の重症度・緊急度を速やかに判断して、治療の優先順位を決定し、その優先順位に基づいて、救助、治療、搬送、医療機関の選定を行わなければなりません。

　様々な重症度を持つ多数の傷病者が一度に発生するという特殊な状況下においては、厳しい判断を迫られる場合も多く、救助側の限られた能力の中で、救命の可能性のある傷病者を一人でも多く救うには、トリアージに関する正しい知識の習得や技能向上のための訓練は不可欠であると思います。

　最近では、JR福知山線列車事故の事後検証番組や秋葉原無差別殺傷事件など、災害現場がテレビで放映され、災害における"トリアージ"という言葉が一般に知られるようになってきました。トリアージ本来の意義よりは負の側面が強調されがちですが、災害現場においては、真っ先に駆けつける救急救命士をはじめとする消防職員の役割は大きく、絶対的な自信を持って活動することが重要です。

　我々は、災害がいつ、どこで発生しても、十分対応できるように日頃から訓練を繰り返しています。しかし、百回の訓練よりも、一度の災害現場の経験は貴重であり、その災害現場での貴重な経験を、より多くの災害関係者に伝える必要があります。

　そこで、本書では交通事故（多数傷病者）、高速道路事故、列車事故（石北線と羽越本線事故）、竜巻災害（佐呂間町）、地震（阪神・淡路大震災、中越沖地震）、NBCテロ（東京地下鉄サリン事件）等について、災害現場で実際に活躍した医師や救急救命士の方々に執筆していただきました。個々の事例の具体的な活動内容だけでなく、経験した者にしか分からない視点で、多くの問題点や対応策を指摘しており、明日からの実際の救急活動に役立つ内容となっています。また、本書は災害発生時の第一線に立つ消防職員はもちろんのこと、災害関係者すべてに役立つように、分かりやすく書かれており、災害現場活動についての理解を深めることが可能です。

　本書が、災害医療に携わる多くの人々の必須の一冊として、活用していただければ幸いです。

　平成21年1月

　　　　　　　　　　　　　　手稲渓仁会病院救急部部長・救命救急センター長

　　　　　　　　　　　　　　　　　　　高橋　功

編集にあたって

・見ながら訓練できる
・消防職員にも無理なく理解できる
　それが、この本のコンセプトです。

　私が参加する勉強会で、トリアージを取り上げたのは2004年のことでした。翌年2005年に尼崎のJR福知山線列車事故が起き、2006年の全国救急隊員シンポジウムでは、大会場がトリアージ関連の講演会で占められるようになりました。最近の医療系テレビドラマでも、必ず大災害が起きてトリアージする場面が出てきます。

　ですが、実際にトリアージする立場の消防職員は、どれくらいトリアージのことを分かっているのでしょう。この本の執筆者の一人、大島基靖氏と計画した研修会では、トリアージを理解していると思われる消防職員は少数で、かえって看護師の方がうまくトリアージできるのです。消防職員に話を聞くと、勉強しようにもいい本がないとのことでした。

　本については、自分でも思うところがありました。最初の勉強会のあとトリアージの本を読んだのですが、どの本にも具体的な方法はSTART方式しか書いておらず、現場から搬送まですべてSTART方式を使うと勘違いしそうでした。またそれらの本は医者向けで、消防職員にこれを読めというのは酷だとも感じていました。そこで大島氏と相談し、消防職員用に訓練テキストを作ろう、事例は佐竹信敏氏の経験した竜巻を入れようと企画がスタートしました。企画を進めていくうちに、幸いにも多くの賛同者を得て、内容を充実させることができました。

　私たちの小さなアイデアがこのような厚みのあるものになったのは、東京法令出版の太田幸宏さんの助言のお陰です。また、私の幾多の要求にも怒らず耐えて下さった分担執筆者にも感謝いたします。

　この本が、現場で広く活用されることを期待しています。

　平成21年1月

　　　　　　　　　　　　　　　　　　　　　　　旭川医科大学病院病理部
　　　　　　　　　　　　　　　　　　　　　　　　　　　玉川　進

　追記
　　読者の皆様の要望を受け、「トリアージ訓練」を中心に記事を追加しました。
　　　　　　　　　　　　　　　　　　　　　　　　　　　平成22年5月

執筆者一覧

(平成27年2月1日現在)

■監修・執筆
高橋　功　　手稲渓仁会病院救命救急センター長・札幌医科大学集中治療部臨床教授

■編集・執筆
玉川　進　　国立病院機構旭川医療センター病理診断科

■執筆（五十音順）
池野本　聖　　美幌・津別広域事務組合
大島　基靖　　札幌市消防局厚別消防署
奥村　徹　　　警視庁参事　警務部理事官　警察共済組合警視庁支部事務局派遣兼警察学校理事官　警察学校診療所所長
木村　俊文　　滝川地区広域消防事務組合
熊谷　謙　　　新潟市民病院救急科
齊藤　一成　　酒田地区消防組合
佐竹　信敏　　遠軽地区広域組合
志賀　義昭　　大分市消防局
田島　和広　　いちき串木野市消防本部
正井　潔　　　日本国際救急救助技術支援会（JPR）会長（元神戸市消防局）

■写真（五十音順）
岩城久留美
風林　佳大
岸本めぐみ
坂田　亜衣
杉山なほみ
土岐千佳子
福島　恭子
藤井　理恵

■協力
札幌市消防学校

CONTENTS

第1章　トリアージとは

Ⅰ　トリアージの概念 ―― 2
1. トリアージとは ―― 2
2. トリアージの原則 ―― 3
3. トリアージチーム ―― 4
4. トリアージ区分 ―― 5
5. 妊婦は22週から区分を上げる ―― 5

Ⅱ　トリアージの方法 ―― 7
1. トリアージに必要な観察技術 ―― 7
2. トリアージの方法 ―― 13

第2章　トリアージ・タッグ、色テープ、洗濯ばさみ

Ⅰ　トリアージ・タッグ ―― 25
1. 記入方法 ―― 25
2. 使用の注意点 ―― 26
3. 再トリアージのときには ―― 27
4. 搬送後 ―― 27

Ⅱ　色テープ ―― 28

Ⅲ　洗濯ばさみ ―― 29

第3章　大規模災害

Ⅰ　大規模災害に備える ―― 32
1. 大規模災害対応力 ―― 32
2. 災害対応時間 ―― 33
3. 大規模災害時の基本方針 ―― 33

BY-TALK　開発途上国における大規模災害対応訓練 ―― 34

Ⅱ　先着隊 ―― 35
1. 傷病者動線の確立が最大の任務 ―― 35
2. 先着隊が確認すべき項目 ―― 35
3. 後続隊への指示 ―― 36
4. 一次トリアージ ―― 37

Ⅲ　トリアージポスト ―― 38
1. 二次トリアージの場所 ―― 38
2. 観察方法 ―― 38
3. トリアージ・タッグ ―― 39

BY-TALK　アフリカ・ザンビア国編 ―― 40

Ⅳ　現場救護所 ―― 41
1. 救急隊が行う処置 ―― 41
2. 医療チームが行う処置 ―― 42

| BY-TALK　インドネシア編 | 44 |

- V　搬送待機所 — 45
- VI　病院搬送 — 46
  1. 病院との事前協議 — 46
  2. 「分散収容方式」と「直近基幹病院一時収容方式」 — 46
  3. 「黄」の傷病者 — 48
  4. 「緑」の傷病者 — 48
- BY-TALK　開発途上国での二次トリアージに思う — 49

第4章　NBCテロとトリアージ

- I　NBCテロとは — 52
  1. 「控えめ」な東京地下鉄サリン事件 — 52
  2. NBCテロの最初の備えは知識を身に付けること — 52
  3. NBCテロの本質は不安をあおること — 53
  4. 不安だけで押し寄せる人々を抑えるために — 53
- II　化学テロにおけるトリアージ — 54
  1. 一次トリアージ→除染トリアージ→二次トリアージ — 54
  2. 除染トリアージの基準 — 54
  3. 紙のトリアージ・タッグに代わるもの — 55
  4. 一次トリアージには洗濯ばさみ — 55
  5. 赤色黄色緑色（重症度）1個＋白色水色（除染方法）1個＝2個付ける — 56
  6. スターダムCCPシステム — 56
  7. 化学テロではCPAでも蘇生可能 — 57
- III　核テロにおけるトリアージ — 58
  1. 被曝は恐れることはない — 58
  2. 搬送員が健康上問題となる被曝を受けた経験もない — 58
  3. 核テロの一番の問題は知識のなさ — 58
- IV　生物テロにおけるトリアージ — 59
  1. 顕性攻撃と非顕性攻撃 — 59
  2. 新型インフルエンザは政治的問題 — 59

第5章　トリアージ訓練

- I　訓練計画 — 62
  1. どこまでできるか考える — 62
  2. 目標を設定する — 64
  3. 各手技のポイント — 64
  4. 時間配分を決める — 65
  5. 具体的な訓練計画を立てる — 66
- II　START方式要領 — 69
  1. START方式の前にすること — 69

2　START方式トリアージを開始 ─────────────────── 71
　　3　黒タッグについて ─────────────────────── 73
　Ⅲ　START方式訓練 ─────────────────────── 74
　　1　START方式判定シート ─────────────────── 74
　　2　訓練開始 ───────────────────────── 74
　Ⅳ　トリアージ・タッグ記入要領 ───────────────── 77
　　1　タッグ記入 ──────────────────────── 77
　　2　タッグ上段 ──────────────────────── 78
　　3　タッグ中段 ──────────────────────── 80
　　4　裏面人体図 ──────────────────────── 81
　Ⅴ　トリアージ・タッグ記入訓練要領 ──────────────── 82
　Ⅵ　初期評価─全身観察方式訓練 ──────────────── 85
　Ⅶ　搬送順位トリアージ ─────────────────── 90
　Ⅷ　図上トリアージ ──────────────────── 92
　　1　想定を決める ─────────────────────── 92
　　2　活動内容を決める ───────────────────── 93
　　3　全体の行動確認 ───────────────────── 94
　Ⅸ　現場から搬送までの総合訓練（複数隊訓練編） ──────── 95
　Ⅹ　机上訓練 ────────────────────────101
　　1　エマルゴ・トレーニング　システム ────────────101
　　2　エマルゴのメリット ──────────────────101
　　3　エマルゴキット ────────────────────102
　　4　机上シミュレーション ─────────────────105
　　5　最後に ──────────────────────── 111

第6章　事例から学ぶトリアージの実際

　Ⅰ　2人トリアージ ───────────────────114
　　1　事例1：赤タッグと黄タッグ ──────────────114
　　2　事例2：妊娠初期 ──────────────────115
　　3　事例3：黒タッグの扱い ───────────────115
　Ⅱ　交通事故 ────────────────────── 117
　　1　情報収集が現場活動のカギ ─────────────── 117
　　2　通報からキーワードを探す ─────────────── 117
　　3　先着隊の役割 ───────────────────── 118
　　4　交通事故現場でのトリアージの難しさ ──────────119
　　5　救出では重症度とは異なるトリアージがある ─────── 119
　　6　病院には的確な情報を ──────────────── 120
　Ⅲ　道央自動車道多重衝突事故 ────────────── 121
　　1　事例概要 ─────────────────────── 121
　　2　現場活動 ─────────────────────── 121
　　3　活動を振り返って ─────────────────── 124
　Ⅳ　JR北海道石北線列車衝突脱線事故 ──────────── 126

	1	事例概要	126
	2	現場活動	126
	3	活動を振り返って	129

Ⅴ　JR羽越本線列車事故 — 131
	1	事例概要	131
	2	現場活動	131
	3	活動を振り返って	134

Ⅵ　阪神・淡路大震災 — 136
	1	事例概要	136
	2	現場活動	136
	3	震災をはさんでの神戸市消防局の集団災害対策	136

Ⅶ　中越沖地震 — 138
	1	事例概要	139
	2	現場活動	139
	3	活動を振り返って	141

Ⅷ　北海道佐呂間町竜巻災害 — 143
	1	事例概要	143
	2	現場活動	143
	3	活動を振り返って	146

Ⅸ　造船所での集団災害事故 — 152
	1	事故概要	152
	2	現場活動	152
	3	活動を振り返って	155

第7章　用語解説

— 159

第1章
トリアージとは

I　トリアージの概念

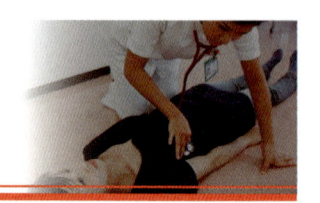

1　トリアージとは

(1) トリアージとは「選り分けること」

　　　　　　　　　　　トリアージtriageとはフランス語のtriage（n.トリアージュ<v. trier 選り分ける）を語源としています。

　　　　　　　　　　　補液が10ℓあるとします。この10ℓすべてを助かる見込みの少ない全身やけどの傷病者に点滴するより、確実に効果が見込まれるショックの傷病者10人に点滴した方が、多くの人数を救うことになります。限られた資源で一人でも多く救うために傷病者を選り分けること。これがトリアージです。

　トリアージは、**目の前の傷病者数や状況に対して、自分たちの持つ「力」が劣っているとき**に行います。ここでいう「力」とはマンパワー・資器材・搬送手段などを総合したものを指します。ですから、トリアージが行われるのは地震や津波といった大災害だけではなく、交通事故でケガ人が2人だけであっても、もし救急車や受け入れ病院に制限があるのなら、トリアージを行う必要があります。

(2) 許されないことを強要するのがトリアージ

　これが災害時でおびただしい数の傷病者が発生した場合には、さらに厳しい状況に置かれます。限られた救助者と救助物資を用いて、最大多数の傷病者に最善の医療を施すためには、我先に群がる傷病者を追い払うばかりか、まだ息があり、ひどいときには意識すらはっきりしている傷病者を現場に置き去りにもします（写真1-1）。先の、点滴で助かる可能性のあった全身やけどの傷病者は、私たちをののしりながら死んでいくでしょう。普通では絶対許されないことを行えと強要する、これがトリアージのもう一つの側面です。

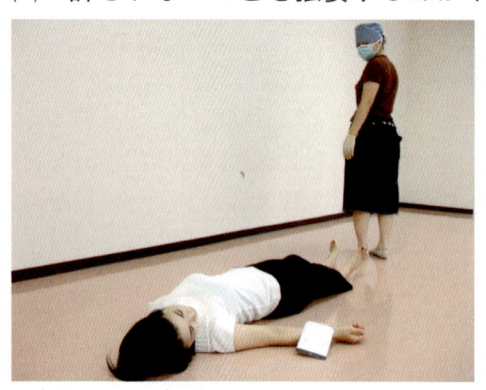

写真1-1　すがる傷病者を振り払い、瀕死者は置き去りにします。トリアージは非道で非情な行為と心得るべきです。

　ですから、トリアージ、特に一次トリアージは現場に対して自分たちの「力」が同等以上の場合には行うべきではありません。あとで問題を引き起こします。常に現場の状況と自分たちの「力」を比較しましょう。

(3) トリアージの目的
　トリアージには目的があります。

1) 治療不要な傷病者を除くこと
　救命救助活動で最も障害となるのは、「声の大きい」傷病者です。これをまず除くことが、その後の速やかな活動をもたらします。

2) 救命不可能な傷病者を除くこと
　傷病者数と自らの「力」とを照らし合わせて判断します。「力」が圧倒的に劣る場合、救命の可能性の少ない傷病者をその場に残す決断も必要となります。

3) 救命可能な傷病者に順位をつけること
　早く医療を施せばそれだけ助かる可能性が高くなるように、傷病者に順番を付けます。この順位は赤や緑といったカテゴリーで示されることも、数字で示されることもあります。

2　トリアージの原則

(1) 1人で判断する
　重症度を判断する人を**トリアージ実施者**(もしくは**トリアージオフィサー**)と呼びます。トリアージチームを組んでいても判断をする人はあくまでも1人であり、他の人はタッグに記入するなどの補助をします。

(2) 繰り返し行う
　傷病者の状態は変動します。また運ばれた場所により、トリアージの目的は異なってきます。そのため、トリアージは繰り返し行い、判断を更新していく必要があります。
　大規模災害の時、一般的には4回のトリアージが行われます。NBC（核・生物・化学）テロの場合には、一次と二次の間に**除染トリアージ**が入って5回のトリアージが行われます（図1-1）、(p54)。

1) 一次トリアージ：災害現場で傷病者の運び出す順番を決めるトリアージです。多数の傷病者に対して少人数の隊員がトリアージを行うため、START方式などの簡易法を用いて、1人30秒以内でトリアージ区分を決めていきます。

2) 除染トリアージ：汚染物質の除去のためのトリアージです。傷病者に毒物が付着しているか、また痒みなどがあるかで選り分けます。

図1-1　トリアージの流れ

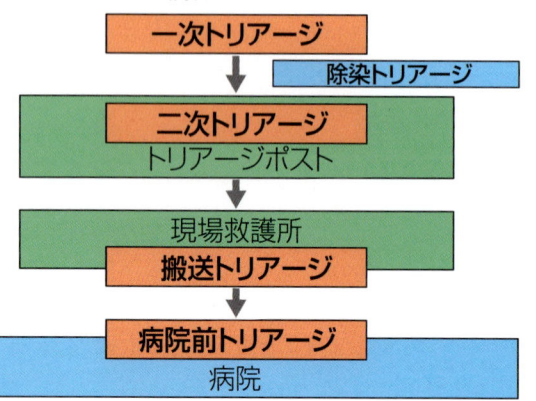

```
一次トリアージ
　　　　　　除染トリアージ
二次トリアージ
トリアージポスト
現場救護所
搬送トリアージ
病院前トリアージ
病院
```

3) **二次トリアージ**：現場救護所での処置の順番と内容を決めるトリアージです。現場から運び出された傷病者はいったんトリアージポストに集められ、ここで全身をくまなく観察され重症度を決められます。同時に行うべき処置も決められて現場救護所に送られます。

4) **搬送トリアージ**：病院への搬送順位と搬送先病院を決めるトリアージです。現場救護所で応急処置がなされたあと、病院への救急車に搬入される前にもう一度全身を観察します。重症度とケガの場所によって、どの病院に誰を先に搬送するか決めます。

5) **病院前トリアージ**：病院での治療の順番と内容を決めるトリアージです。病院到着後、救急処置室に入る前にまたトリアージします。

(3) 処置しない

　消防職員はCPAに遭遇すると、すぐCPRを始めてしまいます（p123）。また、声の大きな傷病者が執拗に治療を求めてくることもあります（p147・p154）。それらを無視しトリアージだけに専念します。ただし、これには例外があって、
- 気道閉塞での**気道確保**
- 大量出血での**止血**

の2つだけはその場で処置します。

3　トリアージチーム

写真1-2　トリアージチームは役割分担をはっきりさせましょう。

　トリアージ、特に一次トリアージは、チームを組まず単独行動することを勧める意見と、チームで行動することを勧める意見があります。

　単独行動ではトリアージ実施者を多く確保できるため、短時間でトリアージを終わらせることができます。しかし、トリアージ・タッグの記入がおろそかになること、止血処置や関係者への対応などでトリアージがストップしてしまうなど欠点もあります。理想的には

4人程度でチームを組み、トリアージ実施者、タッグ記入者（**写真1-2**）、処置担当者、関係者への説明兼連絡係と役割分担を明確にすると、スムーズにトリアージを完了できますが、投入できる人数と現場の状況を考えて柔軟に対処しましょう。

4　トリアージ区分

4つに分類されています。

Ⅰ	第一順位	重症群	生命にかかわる重篤な状態で、直ちに治療を行えば救命可能なもの	例：緊張性気胸、心タンポナーデなど
Ⅱ	第二順位	中等症群	処置の時間が多少遅れても、生命には危険のないもの	例：上下肢の骨折・意識のはっきりしている頭部外傷など
Ⅲ	第三順位	軽症群	救急搬送の必要のないもの	例：打撲、ねんざ、小骨折、圧迫止血できる切創など
0	第四順位	死亡群	生命兆候がないか、あっても現状では救命不可能なもの	例：強い意識障害を伴う脳挫傷、80％を超える重症熱傷など

　実際には赤であっても、黒に近い赤から黄に近い赤まで、広い範囲の外傷がここに含まれます。これら色で表しきれない情報は、トリアージ・タッグに文字として記入します。同じ赤の傷病者が並んだときには、この文字情報が搬送順位の決め手になりますので、タッグへの記入はおろそかにできません。

5　妊婦は22週から区分を上げる

　一次トリアージは、妊婦を他の傷病者と区別する必要はありません。
　二次トリアージ以降は、**妊娠22週（6か月）以降**なら優先順位を上げることを考慮します。『産婦人科診療ガイドライン―産科編』2008年度版によると、
　・傷病者が妊婦であることが判明した場合には破水の有無、腹痛の有無、性器出血の有無、胎児心拍の有無を考慮してトリアージ区分を上げる（**表1-1**）

表1-1　妊娠22週（6か月）以降妊婦であることが疑われた場合のトリアージの変更

破水	性器出血	腹痛	胎児死亡	変更後トリアージ	理由
○	−	−	−	赤	母体・胎児緊急
−	○	−	−	赤	母体・胎児緊急
−	−	○	−	赤	母体・胎児緊急
−	−	−	○	赤	母体緊急
×	×	×	×	黄	産科緊急とはいえない

○：あり、×：なし、−：○または×にかかわらず
（『産婦人科診療ガイドライン―産科編』2008年度版）

　・搬送先は産科及び新生児科の整備された病院が望ましく、妊婦はできうる限り直接的に後方支援病院に搬送する
　ことを求めています。

22週（6か月）で区切るのは、22週以前だと胎児が娩出されても必ず死ぬからです。医学的にも法律的にも、22週以前は胎児であって人ではないですし（娩出されても死産といわずに流産という）、もし人であってもトリアージの原則の「救命不可能な傷病者を除く」に該当するため胎児のことは考慮する必要はないのです。しかし、災害現場で正確な週数を判断することはまず不可能なので、妊娠5か月くらいからは歩けても「黄」、表のような症状があれば「赤」とするのが現実的と思われます。

　胎児死亡は超音波診断装置か胎児心音用ドップラー聴診器で確認しますが、現場救護所での確認は器材がない限り不可能です。

II トリアージの方法

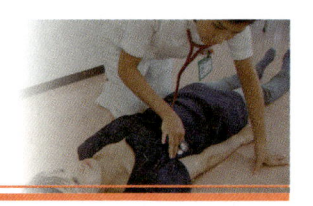

1 トリアージに必要な観察技術

(1) 初期評価

観察の基本です。大勢の傷病者を短時間で評価するために、「**意識ABC**」だけを観察します。Aは**Airway**（気道確保）、Bは**Breathing**（呼吸）、Cは**Circulation**（循環の安定）のことです。これだけで傷病者のトリアージ区分の判断が可能です。

1) 意識

（写真1-3）「目を開けて」「手を握って」程度の簡単な命令に従うか見ます。命令に従えなければ赤タッグです。

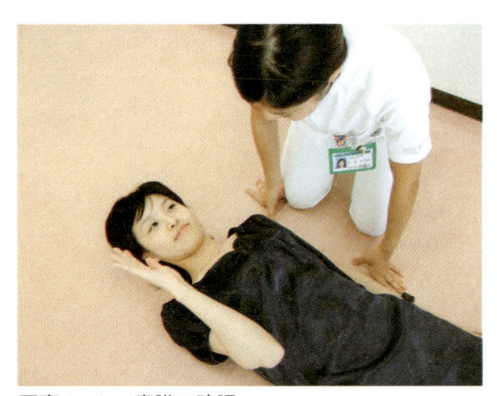

写真1-3　意識の確認。

2) 呼吸

（写真1-4）しゃべることができれば気道は開通しています。しゃべれない場合には胸とお腹の動きを見ます。見て分からないときは手を置いて確認します。

目安として、呼吸の速さが自分の呼吸の2倍以上か半分以下なら赤タッグです。

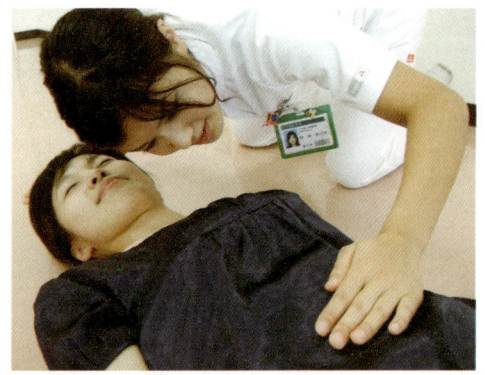

写真1-4　呼吸の確認。見て聞いて感じて。

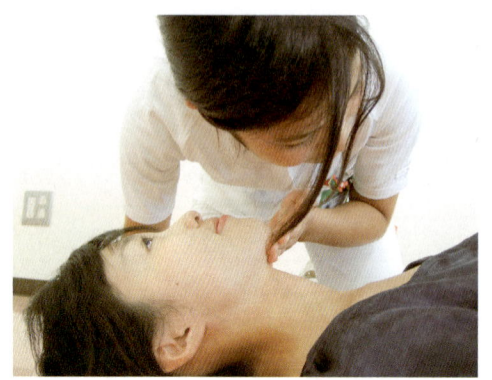

写真1-5　息をしていなければ気道確保。

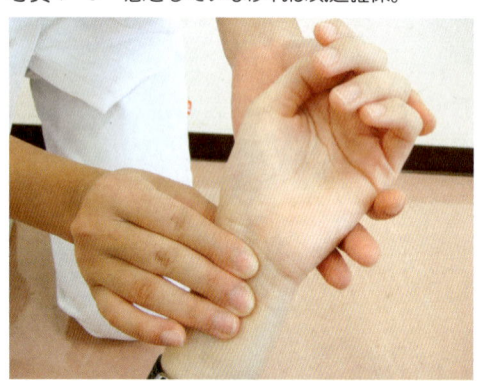

写真1-6　手首で脈が触れるか見ます。

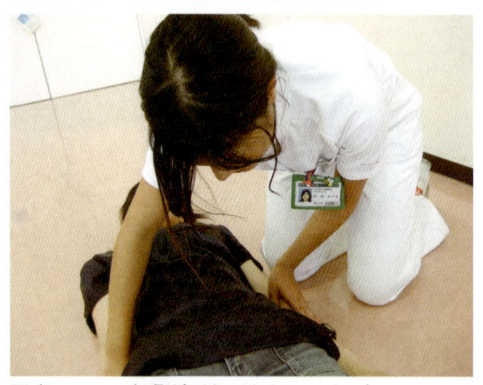

写真1-7　皮膚がべたべたしていればショックかも。

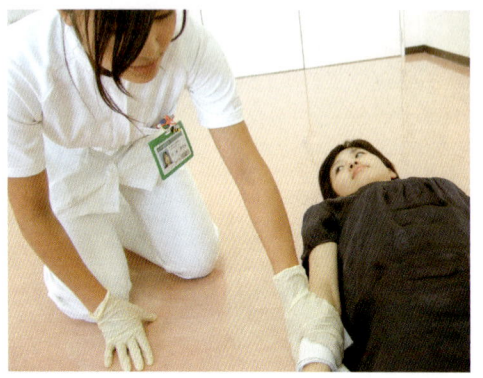

写真1-8　大出血があれば圧迫して止血します。

（写真1-5）息をしていないようなら気道を確保し息をするようになれば赤タッグ、それでも息をしないのなら黒タッグを付けます。

3) 循環

（写真1-6）手首の親指側（橈骨動脈）で脈が触れるか確かめます。目安として、自分の脈と比べて速さが2倍以上か半分以下なら赤タッグになります。

（写真1-7）ついでに腕や手に触れて、皮膚が湿ってべたべたしていないか見ます。汗でべたべたしていれば、ショックが疑われます。ショックでは通常赤タッグになります。

（写真1-8）全身を見て大出血している箇所があれば圧迫して止血します。

Ⅱ　トリアージの方法　9

（写真1-9）手首で脈が触れないときには、のど仏の横の頸動脈に指を当てて確かめます。

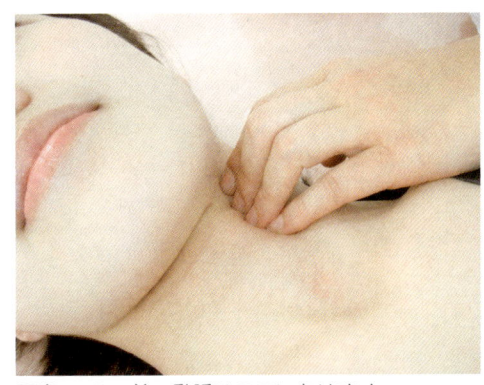

写真1-9　首の動脈はここにあります。

（写真1-10）ほかに脈を触れる場所として足の付け根（鼠径部）と……

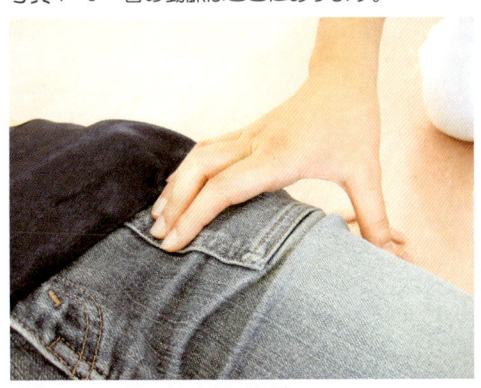

写真1-10　足の付け根の動脈。

（写真1-11）足の甲（足背部）があります。ただ、一次トリアージでは迅速を旨とするため、どこか1か所の動脈が触れなければ赤タッグとし他の動脈は探りません。脈が触れなければ黒タッグか赤タッグです。

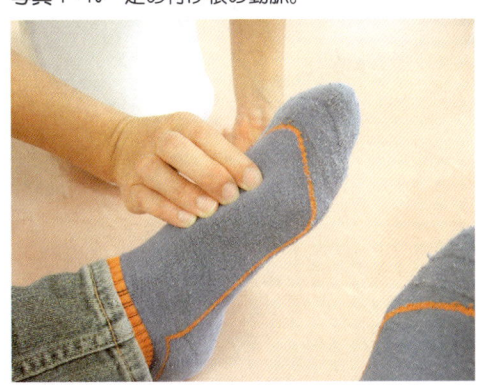

写真1-11　足の甲にも動脈があります。

（写真1-12）指の爪を強く押して爪床を白くし、押すのをやめて何秒でまた爪床が赤くなるか計る方法もあります（**リフィリングタイム**）。START方式ではこの方法を用いるようになっていますが、寒い場所では色の戻りが悪いのと、暗い場所では確認できないことから、現在では脈を触れるのが一般的になっています。

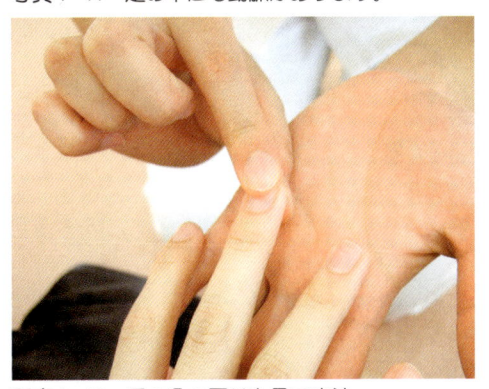

写真1-12　爪の色の戻りを見る方法。

(2) 全身観察

　全身観察は二次トリアージ以降に行われます。観察する順番には決まったものはありません。自分で最もやりやすく見落としのない順番・方法を決めておくと良いでしょう。

　傷病者は目を離したすきに急変することもあるので、最初に**初期評価（意識ABC）**を行い、その後に**全身観察**に移ります。

　なお「→」付きの項目は第7章を参照してください。

1) 頭と顔

（写真1-13）声かけをしつつ、頭を触って腫れや出血を見ます。

写真1-13　頭の腫れや出血を見ます。

（写真1-14）顔面には出血や変形がないか見ます（→**気道閉塞**）。

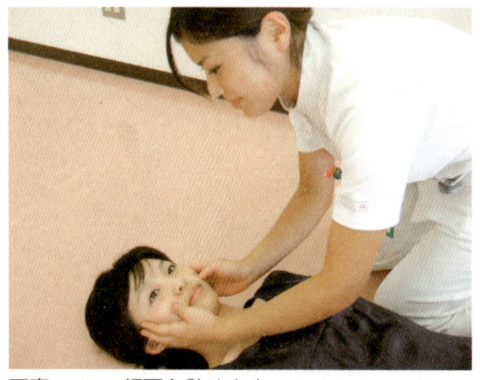

写真1-14　顔面を触ります。

2) 首

（写真1-15）頸静脈が膨れ上がっていないか（→**緊張性気胸**もしくは**心タンポナーデ**）、気管は真っすぐか見ます（→**緊張性気胸**）。

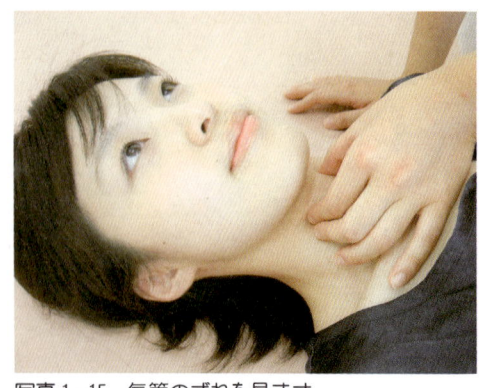

写真1-15　気管のずれを見ます。

(写真1-16)首の後ろを触って痛がるか(→**頸椎骨折**)、また首の付け根を触ってぶよぶよしていないか見ます(→**皮下気腫→気胸**)。

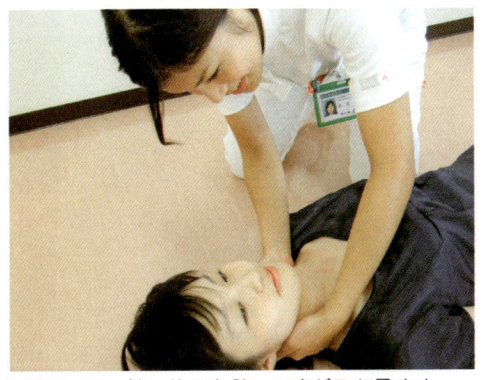

写真1-16　首の後ろを触って痛がるか見ます。

3)　胸

(写真1-17)大きな外傷、出血、空気の吸い込みや吹き出しがないか見ます(→**開放性気胸**)。また、呼吸をするときに左右の胸が均等に動くか、息を吸っているのにあばら骨がへこむ部分はないか見ます(→**フレイルチェスト**)。聴診器を持っていれば、脇の下に聴診器を当て、左右の音の差を聞きます(→左右差あれば**気胸**)。

(写真1-18)触ってみて痛がる箇所はないか、ぶよぶよしているところはないか確認します(→**皮下気腫→気胸**)。

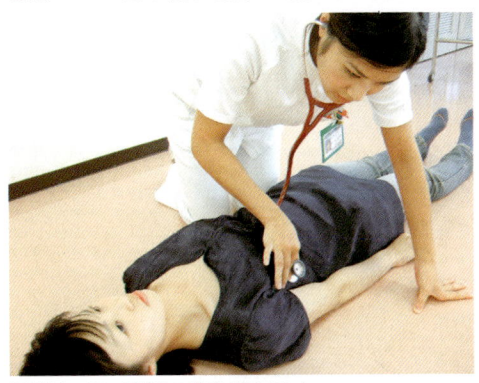

写真1-17　呼吸の音を聞きます。

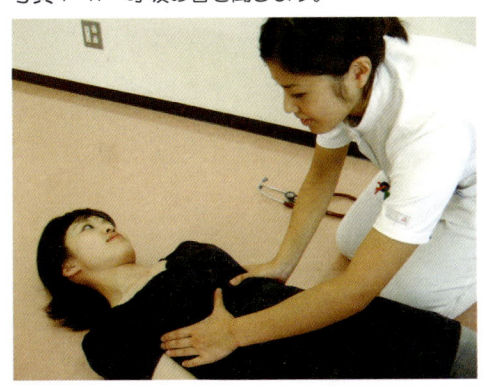

写真1-18　触って痛がるところがないか確かめます。

4)　腹

(写真1-19)大きな外傷、腸管の飛び出しがないか見ます。触ってみて、痛がる箇所はないか(→**臓器損傷**)、腹が張っていないか見ます。

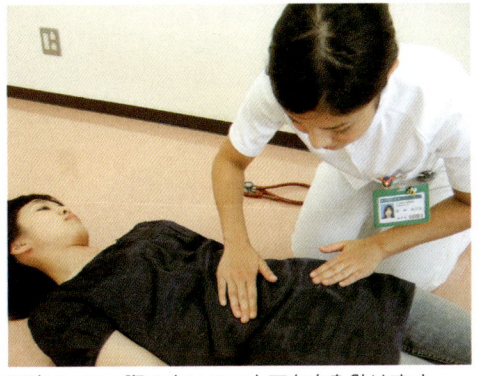

写真1-19　腹は広いので上下左右を触ります。

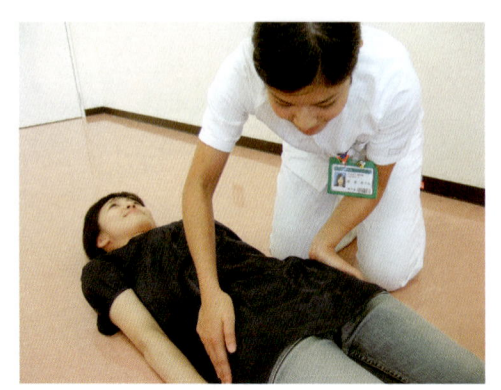

写真 1-20　横から内側へ狭めるように押します。

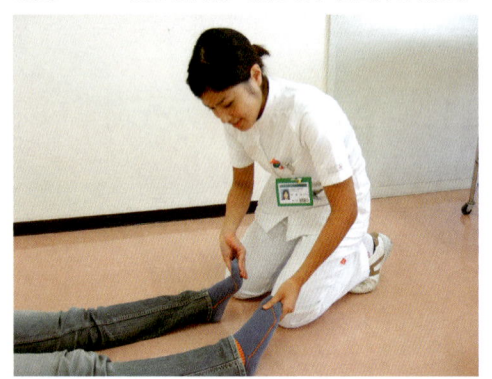

写真 1-21　足の先が動くか確かめます。

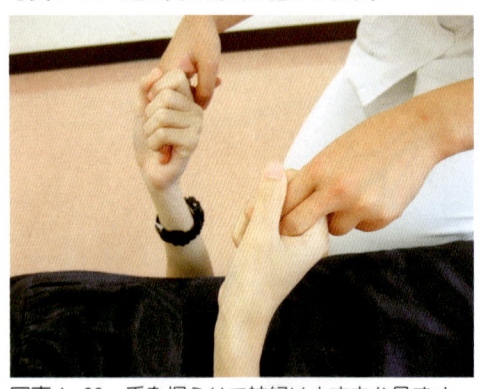

写真 1-22　手を握らせて神経は大丈夫か見ます。

写真 1-23　背中の様子を確かめます。

5）　骨盤
　（写真 1-20）変形を見ます。骨盤を左右から 1 度だけ内側に押して、痛みがないか見ます（→**骨盤骨折**）。何回も押すと骨のずれを広げるので、押すのは 1 回だけにします。

6）　下肢
　（写真 1-21）出血、変形を見ます。意識がある傷病者では足を動かしてもらい、神経症状も見ておきましょう（→**脊髄損傷**）。

7）　上肢
　（写真 1-22）出血、変形を見ます。手を握らせて神経症状も見ます（→**脊髄損傷、引き抜き損傷**）。

8）　背中
　（写真 1-23）変形や出血がないか見ます。傷病者を動かせない場合には、手を背中に差し込むことによって症状を観察します。
　あまりぐいぐい差し込むと骨折があった場合には症状を悪化させますので、痛がるようならそれ以上は確認しません。

9) 体の一部しか見えないとき

　瓦礫の下で体が隠れているときには、見える範囲で観察します。この結果が救助トリアージに反映され、また**クラッシュシンドローム**の防止に役立ちます。

2　トリアージの方法

　トリアージ区分と重症度は、傷病者の状態を把握して判断します。ここでは、基本法である**初期評価―全身観察方式**と簡便法である**START方式**を紹介します。

　START方式は有名ですが、あくまでも簡便法です。これのみでは外傷部位の確認や処置の決定はできません。逆に初期評価―全身観察方式さえ身に付けておけば、START方式は初期評価の順番を変えただけですので、START方式を知らなくても現場でトリアージができます。

　ほかにもSieve and Sort、SAVEなど有名な方法がありますが、順番が違っていたり点数化したりしているだけで、どれもやることは同じです。

(1) 初期評価―全身観察方式

　初期評価で「意識ABC」を確認したあと、全身観察で外傷の場所や病態を探す方法です。1人2分を目標とします。傷病者の状態・外傷部位を確認し、病態を推測してトリアージ区分・重症度を決定します。多くの場合「左気胸」「右大腿骨骨折」など具体的な疾患名が挙がるでしょう。

　観察結果からトリアージ区分を定めるフローチャートもいくつか提唱されていますが、最後に点数化するだけで、結局は診断する必要があるのでここでは取り上げません。

　欠点として、後述のSTART方式に比べ時間がかかることから、トリアージポストなどの二次トリアージ以降に用います。また専門的な知識が必要となることも欠点の一つです。

【手順】

　ここでは例として、トリアージ・タッグ記入訓練要領（p82）で示すシナリオに沿って観察してみましょう。

　1) 初期評価で「意識ABC」を確認します。

　（写真1-24）「旭川医大の杉山なほみです。分かりますか？」

　ここで呼吸がないようなら気道を確保し、それでも呼吸がないときは、「黒」で観察終了。注意として、消防職員は明らかな死体以外は黒タッグは付けない方が良いでしょう（p73）。

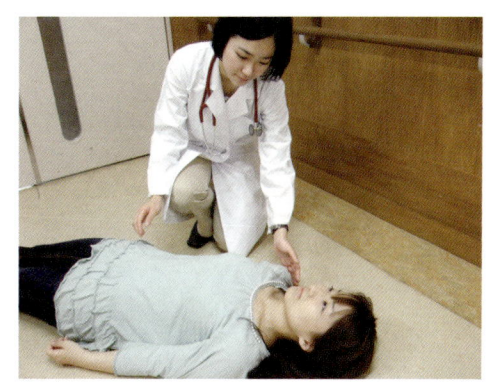

写真1-24　呼びかけます。

14　第1章　トリアージとは

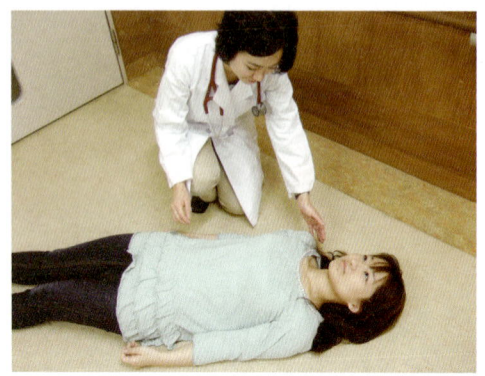

写真1-25　名前などを聞いて意識レベルを確認します。

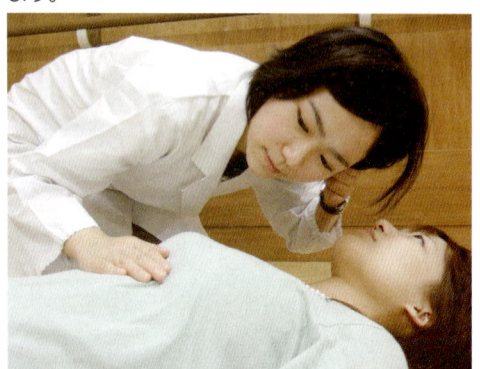

写真1-26　呼吸を確認します。

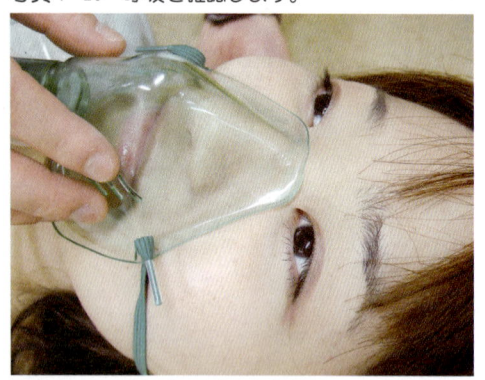

写真1-27　必要なら酸素を投与します。

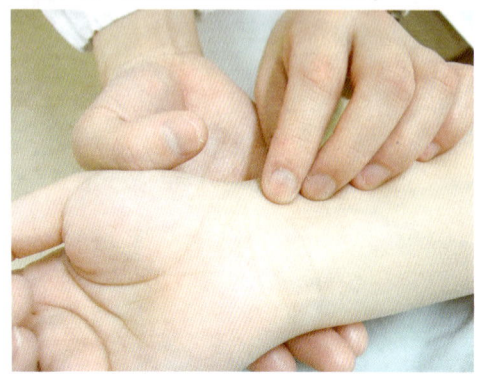

写真1-28　手首や首などを触って脈を確認します。

　（写真1-25）「お名前と年齢を教えてください。」
　「岩城久留美、24歳です。」
　気道開通、意識レベル・桁。

　（写真1-26）「呼吸確認、胸・腹部の動き4・5・6・7・8・9・10。呼吸20回/分。」

　（写真1-27）（酸素が必要なら）「酸素マスクをしますよ。」
　トリアージでは原則として処置は行わないのですが、ここでは初期評価の一つとして酸素投与をしています。

　（写真1-28）「脈拍確認、1・2・3・4・5・6・7・8・9・10。橈骨で弱く120回/分。」

（写真1-29）「皮膚は冷たく湿っています。」

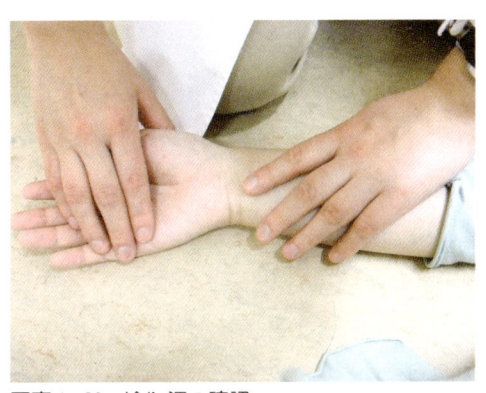

写真1-29　冷や汗の確認。

（写真1-30）「右下腿に活動性出血。止血処置します。」

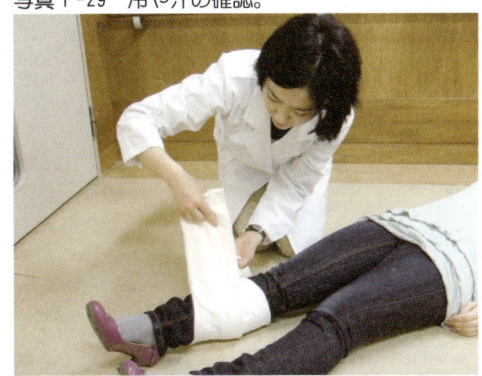

写真1-30　大出血のあるところを確認して止血します。

（写真1-31）「初期評価の結果、ショックバイタルで赤タッグです。」

ここで一度タッグの色を宣言します。一次トリアージでは、これで観察終了なのでタッグを付けます。二次トリアージ以降は、タッグを付けずに全身観察に移ります。

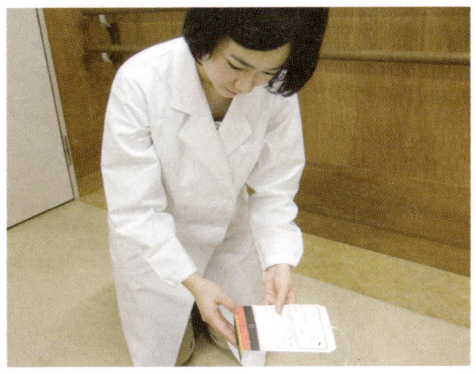

写真1-31　初期観察が終わった段階で一度タッグの色を宣言します。

2)　全身観察をします。

（写真1-32）「頭部を観察します。左側頭部に腫脹・挫創が見られます。頭触りますよ。骨折等はありません。」

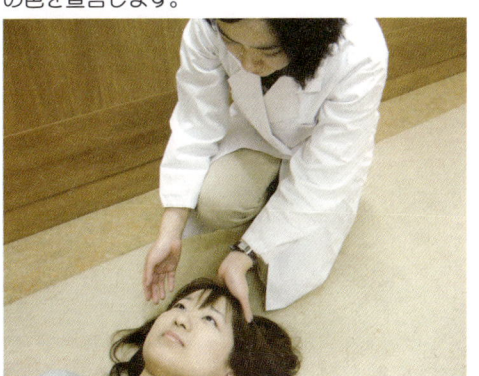

写真1-32　頭部の触診。

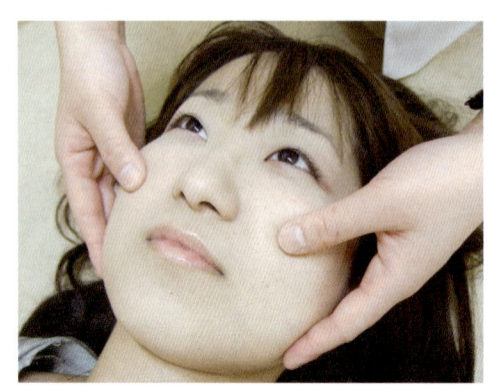

写真 1-33　顔面の触診。

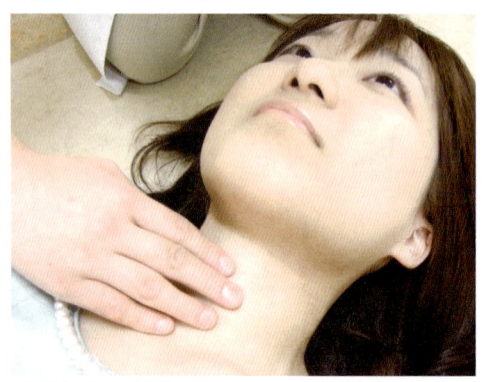

写真 1-34　頸部の触診。

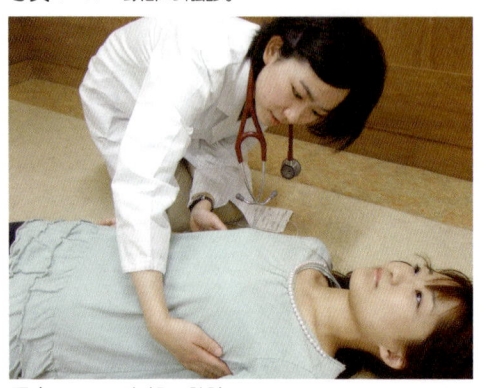

写真 1-35　胸部の触診。

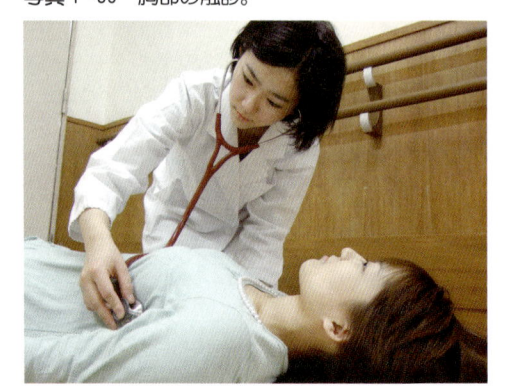

写真 1-36　呼吸音を聞きます。

（写真 1-33）「顔面を観察します。外表異常なし。顔触りますよ。前額部異常なし。頬部異常なし。上顎・下顎部異常なし。」

（写真 1-34）「頸部を観察します。外表異常なし。気管変異なし。頸静脈怒張なし。皮下気腫なし。首の後ろ触りますよ。後頸部の圧痛あり。」

（写真 1-35）「胸部を観察します。右胸部に打撲痕あり。左胸から触診します。左側圧痛なし。右胸触診します。右胸圧痛あり。」

（写真 1-36）「呼吸音を確認します。左側聞こえます。右側呼吸音は弱いです。」

Ⅱ トリアージの方法　17

（写真1-37）「腹部を観察します。右腹部に打撲痕が見られます。腹部の膨隆はありません。」

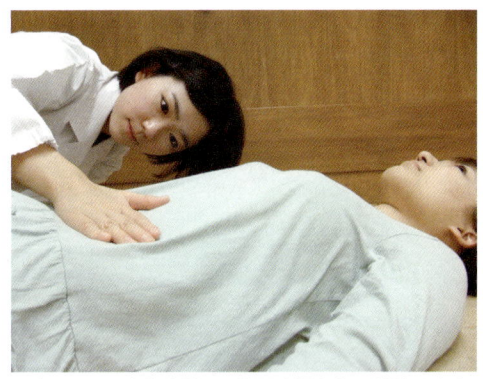

写真1-37　お腹を眺めて膨隆を見たあと触診します。

（写真1-38）「骨盤を観察します。骨盤触りますよ。動揺・圧痛なし。異常なし。」

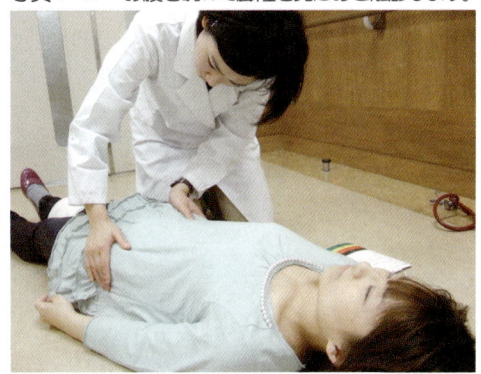

写真1-38　骨盤の触診。触って痛がるときはそれ以上触らないようにします。

（写真1-39）「下肢の左右差なし。」

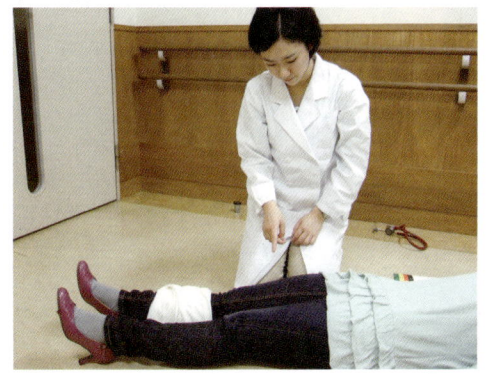

写真1-39　下肢の長さを見ます。左右で差があれば骨折しています。

（写真1-40）「左足触りますよ。動揺・圧痛なし。異常なし。右足触りますよ。動揺・圧痛なし。」

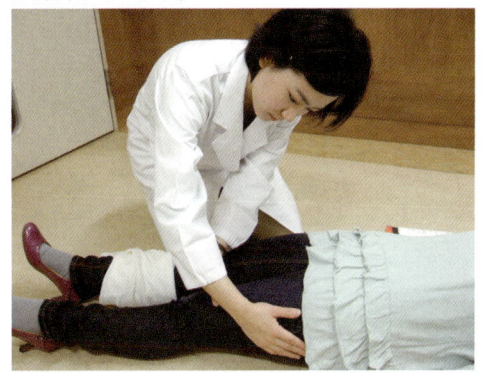

写真1-40　太ももを触ります。

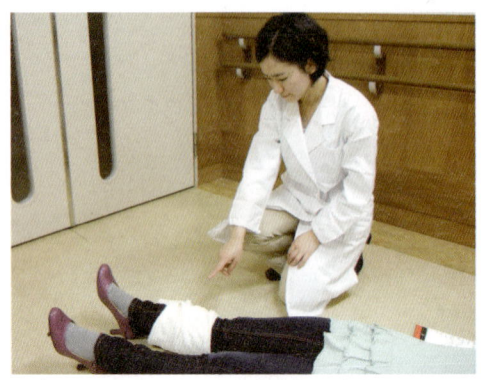

写真1-41　両下腿の止血を確認します。

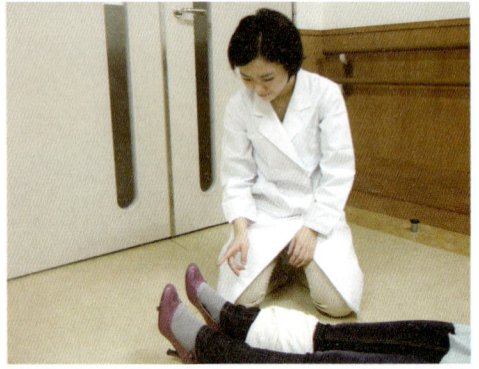

写真1-42　足を動かしてもらって神経症状を見ます。

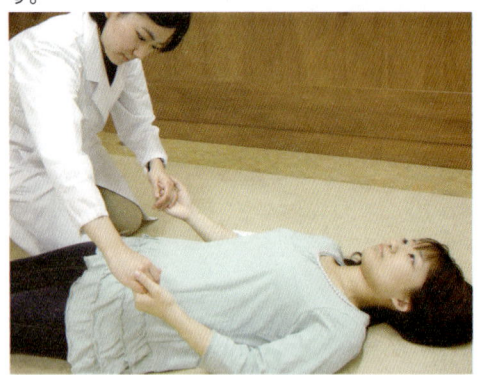

写真1-43　手も神経症状を観察します。

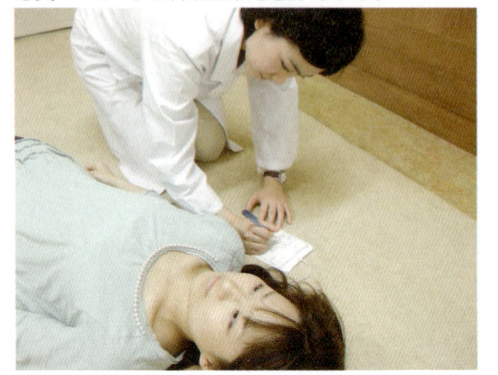

写真1-44　トリアージ・タッグに記入し、傷病者の右手首に付けます。

（写真1-41）「右下腿に変形あり。出血は止まっています。」

（写真1-42）「両方の足首動かしてください。異常なし。」

（写真1-43）「手を握ってください。触っているのが分かりますか？　異常なし。」

（写真1-44）「観察の結果、ショックバイタルと右胸血気胸・腹部損傷の疑い。赤タッグです。」

（写真1-45）黄色タッグなら介助して、緑タッグなら自分で次の場所へ傷病者を送ります。

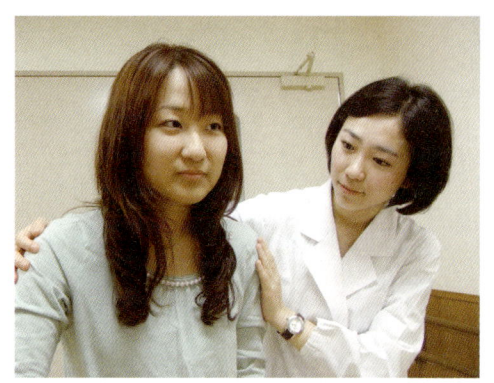

写真1-45　歩ける傷病者は自分で移動してもらいましょう。

(2) START方式

大量の傷病者を少人数でトリアージできるよう、「意識ABC」のみを30秒以内で確認し、フローチャート（図1-2）に従って重症度を決めていく方法です。利点は短時間で終わることと、チャートに従うので考えずにすむこと、欠点は大災害で興奮した傷病者は簡単に赤タッグになってしまうことと、ケガの場所が分からず処置ができないことです。

START方式は簡便法です。現場でも訓練でも、実際にSTART方式をやってみると、こんな簡単な物差しでタッグの色（＝傷病者の人生）を決めてしまって良いのだろうかと、恐ろしくなります。START方式の限界を知り、START方式の恐ろしさを知るためにも、必ずトリアージ訓練を行ってください（p69）。

図1-2　START方式フローチャート

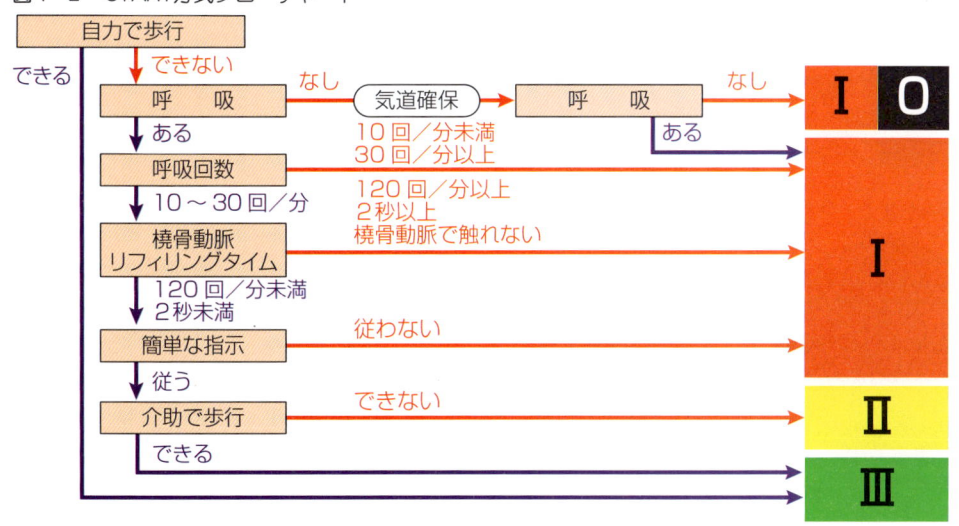

自力で歩行
- できる → Ⅲ
- できない
  - 呼吸
    - なし → 気道確保 → 呼吸
      - なし → 0
      - ある → Ⅰ
    - ある
      - 呼吸回数
        - 10回／分未満
        - 30回／分以上 → Ⅰ
        - 10〜30回／分
          - 橈骨動脈リフィリングタイム
            - 120回／分以上
            - 2秒以上
            - 橈骨動脈で触れない → Ⅰ
            - 120回／分未満
            - 2秒未満
              - 簡単な指示
                - 従わない → Ⅰ
                - 従う
                  - 介助で歩行
                    - できない → Ⅱ
                    - できる → Ⅲ

（写真1-46）自力で歩行できる傷病者には緑タッグを付け、歩いて救護所に行ってもらいます。

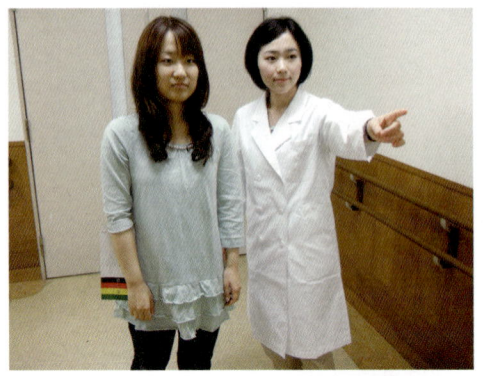

写真1-46　最初に歩ける人を現場から排除します。

（写真1-47）呼吸を確認します。呼吸がないときは気道確保します。

写真1-47

（写真1-48）それでも呼吸がなければ、トリアージ実施者が医師なら黒タッグ、医師以外なら赤タッグ（p73）を付けて終了。

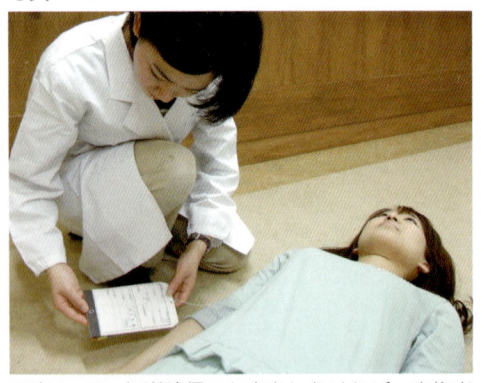

写真1-48　気道確保でも息をしなければ、実施者が医師なら黒を、医師以外なら赤を付けます。

（写真1-49）呼吸回数が1分間に10回未満もしくは30回以上なら赤タッグを付けて終了。ただし大事故では興奮しているため呼吸回数が多いのは信用できません（p19）。

写真1-49　呼吸回数をみます。頻呼吸はあてにならないので注意。

（写真1-50）呼吸で赤タッグが付かないときは動脈に触れて、脈拍数が1分間に120回以上なら赤タッグで終了。興奮していると脈拍数も速くなるため簡単に赤になります。

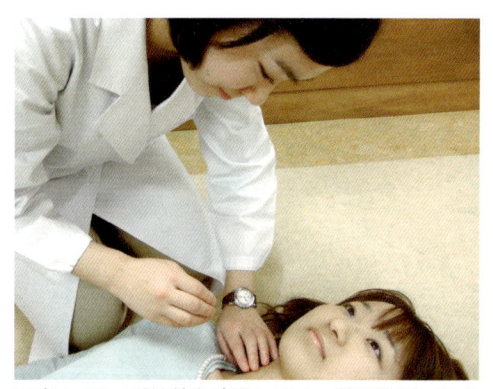

写真1-50　脈拍数を確認します。総頸動脈に触れているところ。

（写真1-51）ここまでで赤タッグが付かないのなら「目を開けて」「手を挙げて」などの簡単な指示を出します。指示に従わなければ赤タッグで終了。

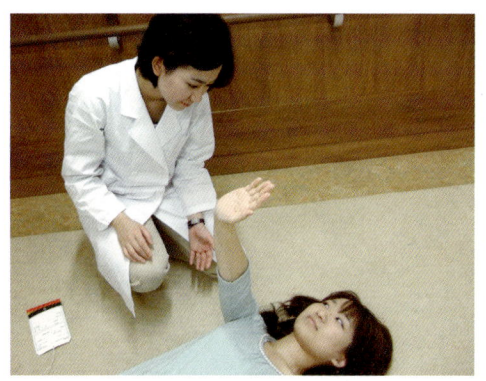

写真1-51　簡単な命令に従うかみます。

（写真1-52）指示に従えるようなら体を支えて歩かせます。歩けなければ黄色タッグで終了。歩ければ緑タッグを付けて救護所へ送り届けます。

（玉川　進）

写真1-52　介助で歩ければ緑、歩けなければ黄色タッグです。

第2章
トリアージ・タッグ、色テープ、洗濯ばさみ

トリアージ区分を明示するには、トリアージ・タッグ以外にも色テープと洗濯ばさみも使われます（表2-1）。

表2-1　各標識方法の特徴

名称	利点	欠点
トリアージ・タッグ	・書ける ・目立つ	・大きい ・重い ・邪魔 ・水に弱い ・高い
色テープ	・安い ・書ける ・取れない ・装着感がない	・多くは書けない ・はさみが必要 ・ちぎるにはコツがいる ・水への強さは中間
洗濯ばさみ	・小さい ・軽い ・安い ・簡単 ・水に強い ・装着感がない	・取れやすい ・書けない ・見失う

（玉川　進）

Ⅰ トリアージ・タッグ

1 記入方法

　写真2-1に実際のトリアージ・タッグを示します。結構大きいものです。

　1枚目の災害現場用に記入すると、2枚目の搬送機関用、3枚目の収容医療機関用に転写されます。多くの負傷者が発生した現場では、短時間にトリアージを行い記入しなければならないので、簡潔に記入を行います。

　黒タッグの場合は「合掌」だけは忘れずに書いてください（写真2-2）。本人と遺族へのせめてもの心遣いです*。

　記入方法は、

- 漢字で記入する必要はない。**カタカナ**で記入したほうが読み誤りがない。
- 意識不明者などで分からない部分は**空白**とし、分かった段階で追加記入する。
- 年齢が分からなければ推定と記入し年齢を入れる。
- できるだけ空欄がないように記入する（しかし、埋めようとして無駄に時間をかけてはいけない）。
- **氏名→電話番号→年齢→性別→住所**の優先順位で記入する（電話を2番目にしたのは連絡のため）。しかし、優先順位はいろいろな説があるので、所属での取り決めに従う。

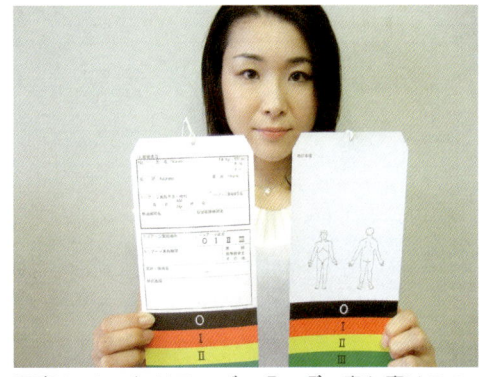

写真2-1　トリアージ・タッグ。表と裏はこのようになっています。

写真2-2　記入の変更は二重線で見え消しをします。「合掌」はトリアージ実施者の気持ち。

＊『救急看護師・救急救命士のためのトリアージ』メディカ出版、p235

2 使用の注意点

図2-1 番号は本文参照

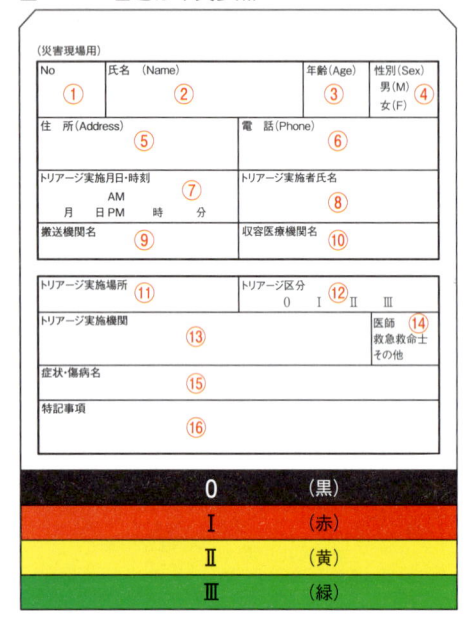

図2-1に番号を示します。
①負傷者Noは1・2・3と単純に番号を付けると、広範囲で災害が発生した時に番号が**重複する可能性**があるので、救急隊名の一部等を入れる。
③分からないときは推定と記入し、**おおよその年齢**（20代など）で記入する。
④該当する方を○で囲む。
⑨⑩決定した段階で記入する（当初は空欄）。
⑪現場で実施したときはその場所を記入（後でその場所での負傷者数が分かる）。救護所で行った場合はその救護所名を記入する。
⑫区分を○で囲み、下のモギリ部分のところをちぎる。
⑮症状・傷病名は簡潔に記入し、小さな傷等は記入の必要はない。

・確定していない項目は空欄とする。×印や線は書かない。
・空欄は判明した段階で記入する。
・1枚目の災害現場用は**搬送される段階**で必ず**回収**し、災害対策本部に集めるなど紛失に注意する。災害対策本部が設置されなければ、トリアージ実施者が責任を持って保管する。
・2枚目の搬送機関用は、**搬送した者**が責任を持って**回収**する。消防機関では通常、傷病者引き継ぎ書を独自に定め使用しているが、トリアージ実施時のトリアージ・タッグと併用の方法について取り決めが必要である。
・2枚目以降は青字で転写されているので、**色の違うペン**などで記入する。これは追記の区分けをするため。
・保存期間が長くなると筆記用具が書けなくなっていることもあるので、定期的に点検を行う。
・⑦のトリアージ時刻により、トリアージから搬送開始までや医療機関収容までの時間等の事後検証に役立つ。
・トリアージ・タッグの装着部位は右手（**写真2-3**）→左手→右足→左足→首（**写真2-4**）の順とする。首が最後なのは、脱衣によりなくなる可能性があるためである。

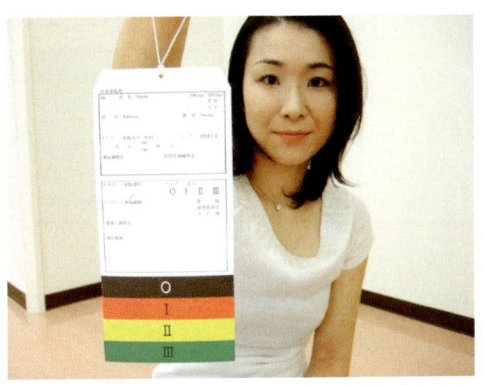

写真2-3 トリアージ・タッグは右手に付けます。

写真2-4 トリアージ・タッグを付ける場所の順番は右手→左手→右足→左足→首の順。

3　再トリアージのときには

　トリアージは2回以上受けるのが通常です。そのときに、負傷者の症状が変化していればトリアージ・タッグに再記入します。横線等で**見え消し**を行い（**写真2-2**）、トリアージ実施者の欄にも氏名を記入します。トリアージ区分に変更があったときには、前記に加え時間も記入します。

　トリアージ・タッグに記入できなくなったときや、トリアージ区分の変更（軽い区分への変更）でタッグが使用できなくなったときには、**新しいトリアージ・タッグ**を使用します。最初のトリアージ・タッグは**外すことなくそのまま**とし、どちらが新しいトリアージ・タッグかを分かるように（番号を付けるなど）します。

4　搬送後

　トリアージ・タッグは、現場から病院で治療が終了するまでの負傷者の認識票です。病院の中でも活用するためには、医療機関との共通の認識が必要です。

　災害後の災害活動の検証作業にもトリアージ・タッグは使われます。混乱する現場での紛失や記入漏れを防ぎ、来るべき災害活動に活かしましょう。

（佐竹信敏）

II 色テープ

写真2-5　いろいろな色テープ。

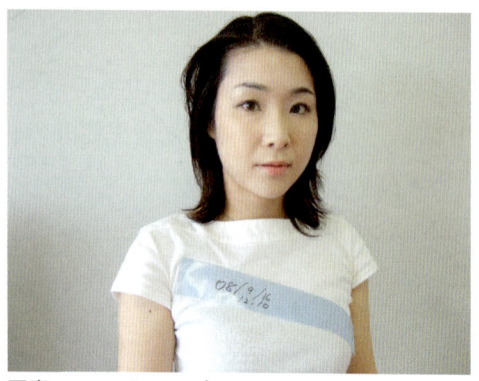

写真2-6　色テープ。これはガムテープ。トリアージ時間をマジックで書いてあります。

　一次トリアージで使います。トリアージ・タッグと洗濯ばさみの中間の性格を持ちます。二次災害の危険があり、速やかにトリアージを終わらせたいときや、トリアージ・タッグを使い果たしたときには有効な道具です。

　アメリカでは、ウエストバッグと一緒になっているSTART方式セットが販売されています。同じ目的で専用シールも販売されています。

　いろいろなテープが入手できます（写真2-5）。色も豊富です。腕や胸に貼り、実施時刻など必要な項目を書きます（写真2-6）。また色テープは現場ではタッグとして使う以外にも何かと重宝しますので、トリアージ・タッグと一緒に保管しておきましょう。トリアージポストに移動して二次トリアージを行ったときに、テープを剥がして通常のトリアージ・タッグを付けます。

（玉川　進）

Ⅲ 洗濯ばさみ

　アメリカ軍が戦場で用いている標識方法です。一次トリアージで使います。**水に強い**ことから、NBC（核・生物・化学）テロのトリアージ標識としても優れています。

　赤・黄・緑は普通のトリアージ区分と同じ。黒い洗濯ばさみは売っていないので白で代用します。NBCテロでは白に加えて水色の洗濯ばさみを用意します（**写真2-7**）。一次トリアージを行ったあとに、胸や腕など見やすいところに付けていきます（**写真2-8**）。詳しくはp55を参照してください。

（玉川　進）

写真2-7　洗濯ばさみ。赤・黄・緑は重症度を示します。白は黒タッグの代わり。NBCテロでは白と水色で汚染物質の除去方法を示します。

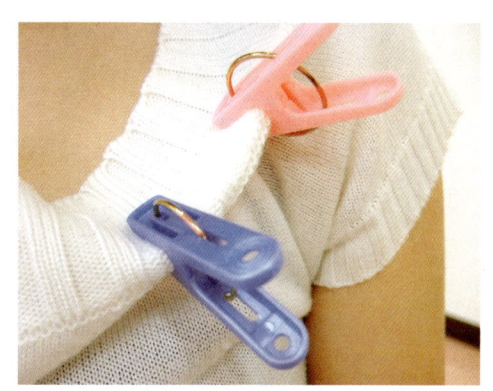

写真2-8　本人の邪魔にならず、他人が見やすいところに付けます。

第3章
大規模災害

I 大規模災害に備える

1 大規模災害対応力

　各地方が許容できる災害規模は、その地方が持つ「**大規模災害対応力**」、つまり消防力、救急力、病院収容能力などの総合力に比例します。これは、大規模災害対応力はおろか、通常の災害対応に対しても脆弱な防災体制の開発途上国でも同じことが言えます。

　それでは消防力、救急力など防災システムが世界のトップクラスと言われている我が国において多数の負傷者が発生した場合、充分に対応できる、あるいは満足できる対応ができると公言できる消防職員は、本当にいるでしょうか。

　消防が定義し対応する大規模災害は、「地震による激甚災害」や「大量輸送交通機関の事故」から「車数台の交通事故」まで広く幅があります。これは、その地方ごとに持つ消防力を上回った場合が大規模災害と認識されるためです。中でも負傷者数は「大規模災害対応力」を決定する最大の因子となります。

　例えば、重症者が同時に20人発生したとします。神戸市においても同時に20人の重症者に対応できる消防力、救急力は有していますが、病院収容力まで有しているかと言えば少々疑問が残ります。しかし、東京消防庁であれば20人は難なくこなせる消防力、救急力を有しており、また多くの救命センターがあるため、傷病者収容も簡単にできるでしょう。大規模災害は都市部に特化した災害ではなく、いつどのような形で起こるか分かりません。そのため各地方においても、現時点での大規模災害対応力を把握しておくべきでしょう。

　各消防本部では、事前にどこの病院が医療チームを派遣してくれるか、あるいは複数の病院で医療チームを編成するのか、また医療資器材の調達方法や現場への搬送方法なども事前協議しておく必要があります。大規模災害の発生は、非常に頻度は低いものです。事前訓練（**写真3-1**）や事前協議などの準備が徒労に終わることが多いと思いますが、いつ発生してもスムーズな対応ができるよう、指揮者から隊員まで誰もが共通認識として、最低限知っていなければならない事項がいくつかあります。

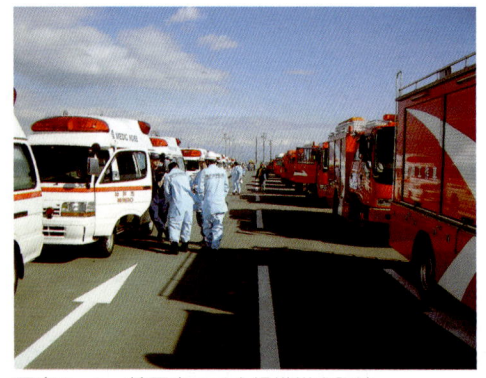

写真3-1　神戸市での大規模災害訓練。

2　災害対応時間

　大規模災害でも一般の救命救急事案と同様に、重症外傷者に対しても「**防ぎ得た死（Preventable Death）の回避**」を目指さなくてはなりません。「**受傷から手術室まで60分以内（Golden Hour）**」を目的に消防本部ごとに事前対策を立てておく必要があります。また、実際の災害対応時は、プロの消防人・医療職として、災害現場出動の各人がGolden Hourを共通の目標とすべきです。

3　大規模災害時の基本方針

(1)　共通理念「1人でも多くの生命を救う」

　大規模災害時において各機関は、「1人でも多くの生命を救う」という共通理念の下で活動しなければなりません。防ぎ得た死を回避し、受傷から60分以内に手術室に搬入するためには、多数の傷病者の中からいち早く重症者を発見し、かつ適切な救命処置を実施し、速やかに適応病院へ収容しなければなりません。

(2)　傷病者動線を確立する

　このため、多数の傷病者を一定の流れに乗せるベルトコンベアが必要になります。これが「**傷病者動線**」で、共通認識しておくべき事項の一つです。

　この傷病者動線は、「一次トリアージ」、「二次トリアージ」、「現場救護所」、「搬送待機所」というセクションを通過するベルトコンベアのラインに傷病者を乗せて流していく、傷病者の流れです。

　傷病者動線は、**災害初期に確立**することが非常に重要で、この成否が大規模災害対応の成否を決めると言っても過言ではありません。指揮者が災害初期の混乱期に傷病者動線の確立を指示することは、指揮能力の力量と柔軟性、さらに度量も必要となります。しかし、出動各部隊がこの傷病者動線の確立を熟知し、それに向けて活動するように心がけていれば、それほど困難なことではありません。

(3)　圧倒的な消防力を投入する

　大規模災害対応の成否は、災害初期にいかに思い切った消防力を投入するかにかかっています。

　大部隊の投入や、ましてや他の機関を要請することを躊躇するのは当然の心理です。しかし、勇気を持って早期に**オーバートリアージ**的に判断し要請することが、結果的に災害の規模が大きければ大きいほど成功をもたらすことになるでしょう。必要ないと判断すれば、要請を取り消せばいいのです。

　「大規模災害」は、誰もが未経験です。この英断を下せるためには、普段からの定期的

な訓練や事前調整会議、事後検証会議などを通じて、各機関がシステムを熟知するとともに顔の見える関係を構築することが重要です。

《BY-TALK》

開発途上国における大規模災害対応訓練

地震以外の大規模災害をそれほど多く経験していない日本の消防は、ある意味「大規模災害対応」については開発途上国かも知れません。

BY−TALKでは筆者が代表を務めているNGO「**日本国際救急救助技術支援会：JPR**」（http://www.jpr.gr.jp）（図3-A）が指導してきた開発途上国での大規模災害の訓練をご紹介します。

図3-A　日本国際救急救助技術支援会：JPR

Ⅱ 先着隊

1　傷病者動線の確立が最大の任務

　先着隊、特に第一到着の隊には、消防隊、救急隊の別なく指揮者が到着までの間、後続隊を指揮する**権限を事前に付与**しておく必要があります。

　火災など慣れている通常の災害現場では、指揮者が到着後に部隊指揮を執っても部隊運用はスムーズに行くと思います。しかし、慣れていない多数傷病者発生の大規模災害では、傷病者の流れをシステム化した「傷病者動線の確立」が最も重要です。

　先着隊、あるいは指揮者は、「傷病者動線」の確立に全力を注ぐことが重要です。災害初期の現場は大混乱を呈しており、この時期に傷病者動線を確立することは、容易なことでないとは理解できますが、出動する各隊がこの傷病者動線確立を認識していることで、大災害現場をコントロールできます。

　また、管制システムにより、出動隊ごとに活動内容などを選別指定する「**任務指定**」のシステムを採用しておくことも有効です。

　第一到着の出動部隊が傷病者動線の確立を怠った場合、その後に押し寄せる後続の部隊は混乱し、途中での傷病者動線を確立することはもはや困難となります。

2　先着隊が確認すべき項目

　先着隊は、傷病者動線を確立するとともに「**見た目の範囲内**」で、速報として現場の状況を後続隊に伝える重要な任務があります。

(1)　発生場所及び周囲の状況
〈指令のとおりか？　傷病者動線は確保可能か？〉

　通報及び指令場所との正誤性を確認します。もし誤りがあれば直ちに管制室などを通じ、全隊に周知し情報を共有します。さらに、現場周辺の地形と街区環境を見分し、傷病者動線の場所を決定します。

(2)　事故形態及び規模
〈何の事故か？　その規模は広範囲か？　狭いか？〉
　1)　何と何との事故か？

例：交通機関か？　爆発か？
2)　その範囲は広範囲か？　局所的か？
例：列車のように縦に長いのか？　建物で上下階にまたがっているか？

(3) 傷病者の概数とその状態
〈倒れている傷病者の概数は？　状態は？〉

倒れている人は、少なくとも「黄」以上の傷病者です。最悪、すべてが「赤」または「黒」の可能性もあります。

(4) 必要医療チーム数及び医療資器材の早期要請
〈傷病者の概数で早期要請〉

「傷病者の概数」「状態」から、必要な医療チーム数と医療資器材とを早期に要請します。これは、重症者を1時間以内に手術室へ搬入させるためです。ここでは、思い切ったオーバートリアージ的判断が必要となります。

3　後続隊への指示

傷病者動線を確保するために、先着隊、指揮者は、後続隊に以下のエリア（ポスト）の場所を指定し、活動内容を指示します（図3-1）。

1)　災害現場（NBC災害は除く）における「**一次トリアージ**」
2)　病態の詳細を観察する「**二次トリアージポスト**」
3)　応急処置を実施する「**現場救護所**」
4)　救急車搬送を待つ「**搬送待機所**」
5)　救急車等の進入・退出を容易にするための「**救急車進入・退出路**」

なお、指揮者は救急車の進入・退出の障害とならないように、消防車両（ポンプ小隊など）や警察車両な

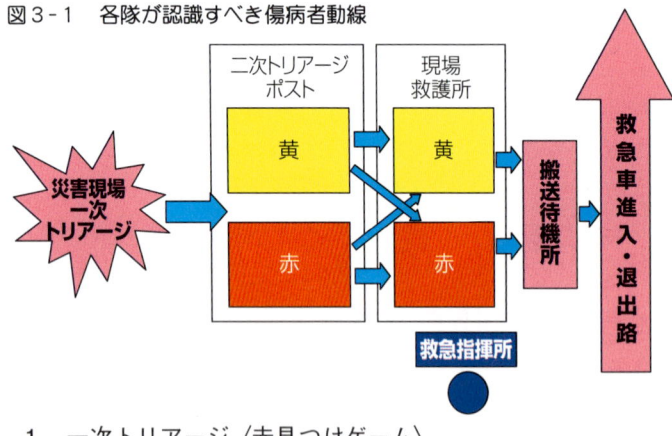

図3-1　各隊が認識すべき傷病者動線

1　一次トリアージ〈赤見つけゲーム〉
　NBC災害を除き災害現場で実施し、早期に終了させる
　二次トリアージポストまでは、消防隊などが搬送
2　二次トリアージポスト〈どこが重症？どこが緊急？〉
　JPTECなどの手技で最大2分以内に観察
　なぜ「赤」なのかを判読できる字で記入
3　現場救護所〈目的は緊急度の低下〉
　二次トリアージポストと完全分離
　ABCの確保が最大の目的
4　搬送待機所〈搬送先を決定〉
　ここでトリアージ・タッグの連続番号を記入
　傷病者の出口は一本化
5　救急車進入・退出路〈余計な車両は進入させない〉
　救急車の進入を容易にするため、不必要な車両を進入制限

どの停車位置を指定します。さらに、災害現場近くまで進入させる車両(救助工作車など)を限定します。

4 一次トリアージ

　災害現場（除染を伴うNBC災害は除く）における一次トリアージは、多数の傷病者の中からできるだけ早く重症者を発見することを最大の目的とした**「赤」見つけゲーム**で、一次トリアージの早期完結を目指します。そのため、一次トリアージはSTART方式を用いて、1傷病者30秒以内に重症者・中等症者・軽症者に**「ふるい分け」**を行います。

　なお、この時指揮者は、一次トリアージの最中にも重症者が多いか少ないかの初期判断を行い、部隊の追加や二次トリアージポストや現場救護所の位置・スペースなどを指示します。

　一次トリアージは重症者の早期発見を目的としているため、一次トリアージ全体を短時間で終了させる必要があります。このため、救急隊ごとのチームトリアージではなく、隊員1名で実施＊し、より多くのトリアージ実施者でトリアージします（**写真3-2**）。また、これは大混乱した災害現場で早期に一次トリアージを終結し、早期に災害現場を脱出するためでもあります。

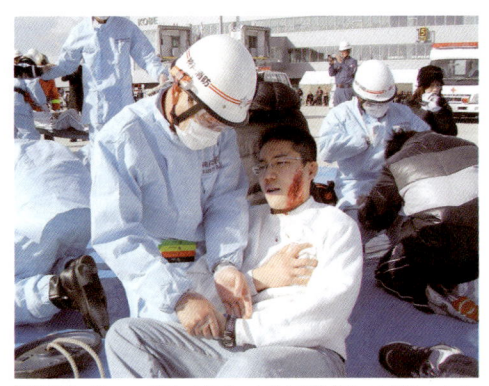

写真3-2　一次トリアージは「赤」見つけゲーム！
(1) 隊員1人で実施。
(2) 1傷病者30秒以内。
(3) 早期の終了を目指す。

写真3-3　傷病者多数の場合は区分のみ決定。

　通常、トリアージ・タッグには、トリアージ実施者氏名・トリアージ実施場所・トリアージ区分・START方式などの内容を記入します。しかし、指揮者は傷病者数がトリアージ実施者を大きく上回っている（おおむね実施者の2倍以上）と判断された場合は、記入作業を省略するため、トリアージ区分のみ決定するよう指示（**写真3-3**）することも重要です。この理由は、前述のとおり早期に重症者を発見するためであり、必ず次のポストの二次トリアージで詳細に観察されるからです。また二次トリアージでは必須項目の記入があるため、その時に記入することができるからです。

＊チームでの行動を勧める意見もあります。p4を参考にしてください。

III トリアージポスト

　ここでは二次トリアージを行います。二次トリアージは、どのような病態があるため緊急度が高いのか、あるいは重症度が高いのかを解剖学的・生理学的に観察・判断し、緊急度・重症度を選別します。また、次のポストである現場救護所へ迅速に送るため、1傷病者2分以内に完了します。
　二次トリアージを実施する場所、観察方法は次のとおりです。

1　二次トリアージの場所

　二次トリアージの実施場所は、一次トリアージと現場救護所に至るまでの間の安全な場所を選びます。また、現場救護所内の混乱を回避するため、二次トリアージポストは現場救護所と隣接しますが、**完全に分離**しなければなりません（写真3-4）。

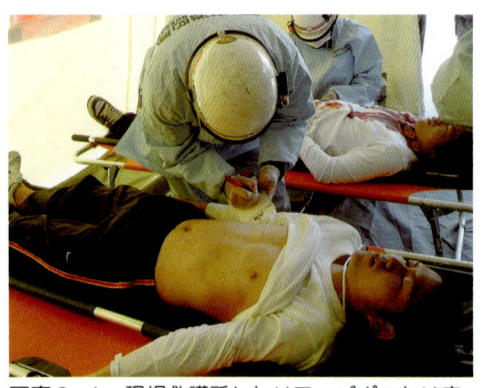

写真3-4　現場救護所とトリアージポストは完全に分離させます。

2　観察方法

　二次トリアージは、一次トリアージよりさらに詳細な「**選別**」をするため、JPTECの「**初期評価―全身観察方式**」に沿って観察し、病態と緊急度・重症度を把握し、トリアージ区分を決定します。
　二次トリアージは、普段経験することが少ないため、苦手意識を持つ人がいるかもしれませんが、一般の重症外傷事案などでロードアンドゴーを決定するように、JPTECなどの手技で観察し決定すれば良いので、自信を持って観察しましょう。

3　トリアージ・タッグ

　トリアージ・タッグには、トリアージ区分の裏付けとなる病態を記入することが重要です。特に重症の傷病者は、意識レベルが悪く自己の病態を表現できないため、そのトリアージ区分の病態根拠を記入し、次のセクションに正確に申し送られなければなりません。トリアージ・タッグは、その傷病者にとって唯一の情報源です。そのため、誰が見ても判読できる文字で記入することが非常に重要です（**写真3-5**）。

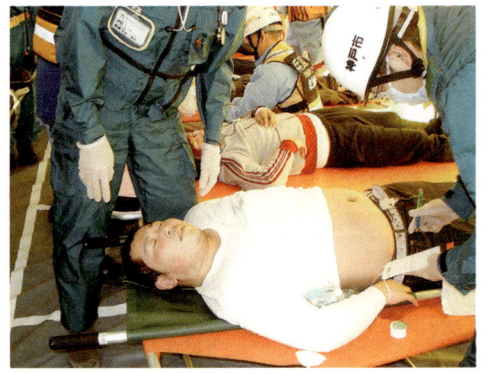

写真3-5　タッグには「赤」の裏付けとなる病態を記入。どこが重症？　どこが緊急？　誰が見ても分かる字で明確に記入します。

《BY-TALK》

アフリカ・ザンビア国編

2006年11月、ザンビア国副大統領府の危機管理庁が中心となり、28省庁からの50人の研修生を3日間、一次トリアージ、二次トリアージ、現場救護所の処置など指導し、最終日に傷病者100人を想定した訓練を実施しました（写真3-A）。

指導内容は、消防職員や警察官など非医療職には一次トリアージと事故車両からの救出法、医師・看護師などの医療職には二次トリアージと現場救護所での処置です（写真3-B）。

ザンビア国における危機管理庁は、飢餓対策のために設置されています。このように防災に関して各機関を調整した経験はなく、また、各機関が合同で対応する訓練は未経験で、ましてやトリアージの概念すら存在しないため、研修生の理解を得るだけで相当な時間を要しました。

写真3-A　ザンビア国での訓練

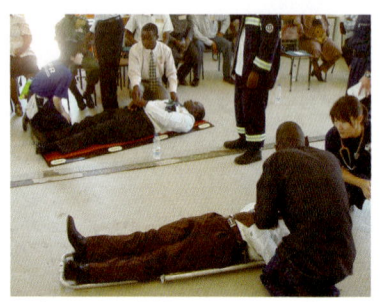

写真3-B　職種に分かれて訓練します。

● 訓練想定

アフリカでは十分に起こり得る大型バス同士の正面衝突で、100人の負傷者が発生という想定（写真3-C）。「赤」20人の負傷者はザンビア教育大学医学部の学生、「黄」30人は警察学校の学生、「緑」50人はザンビア軍の兵隊で行いました。それぞれの負傷者の前腕にトリアージが可能な症状のラベルを貼り、それぞれの症状を演じて頂きましたが、アフリカ人特有の迫真の演技でした。

写真3-C　最終日のトリアージ訓練は大型バス同士の正面衝突で100人の負傷者が発生という想定。

● 訓練結果

約1時間の訓練では、「赤」の傷病者は病院搬送まで行い、また「赤」を「黒」に症状悪化させるなど、訓練を楽しみながら、それぞれの機関の役割を十分に認識した訓練でした。ちなみに一次トリアージの正解率は90%以上でしたが、二次トリアージでは観察は十分に行われず、一次トリアージ区分をそのまま順当しているように思われ、区分の不正解はすべてオーバートリアージでした。

しかし初めての訓練としては満点の出来栄えでした（写真3-D）。また、危機管理庁の司令官も定期的な訓練の実施が必要であると講評されていましたが、現実に実施されているかは不明です。

写真3-D　初めての訓練としては満点の出来栄えでした。

Ⅳ　現場救護所

　二次トリアージポストと分離して現場救護所を設置します。現場救護所の最大の目的は、二次トリアージで判明した**傷病者の緊急度を下げ**、安全に病院へ搬送するための処置を行うことです。

　この現場救護所には医療チームが絶対に必要です。しかし、消防部隊のように直ちに到着するとは限りません。例えば、ドクターカーを運用している地域であれば、1チームは直ちに現場到着しますが、ドクターカーを運用していない地域では、医療チームへの要請があってからかなりの時間を経て現場到着します。そのため、ある一定の時間帯は消防の救急隊のみで現場救護所の運用を強いられます。当然救急隊の行える処置と医師を含む医療チームが行う処置は異なります。

　いずれの場合でも、目的は前述のとおり、緊急度の低下を図り病院に搬送することです。走行中の救急車内で緊急度の高い処置を実施することが困難と思われる処置は、時間をかけない範囲内で極力現場救護所にて実施します。その処置は、基本的に**A**（Airway）・**B**（Breathing）・**C**（Circulation）の確保を目的とします。また、災害現場に医療チームが到着すれば、現場救護所における医療方針を決定する医療責任者（Medical Commander）を早期に指名することも大切です。

　以下に、現場救護所で救急隊が実施する処置と医師が実施する処置を記載しました。

1　救急隊が行う処置

　災害現場では、十分な資器材がないためその処置は限られます。また傷病者が多い場合は、応援の資器材が到着するまで用手を使った処置を行わざるを得ない場合を想定しておく必要があります。

(1)　A（Airway）（写真3-6）
　　異物除去
　　頭部後屈をしない下顎挙上
　　下顎引き出し法
　　用手的頭部保持

(2)　B（Breathing）
　　マンパワーや資器材の関係上、人工呼吸

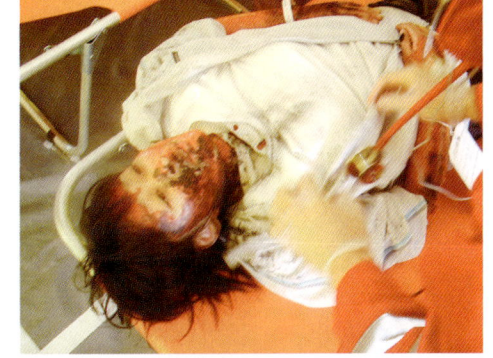

写真3-6　気道熱傷傷病者に対する観察。気道閉塞に備えます。

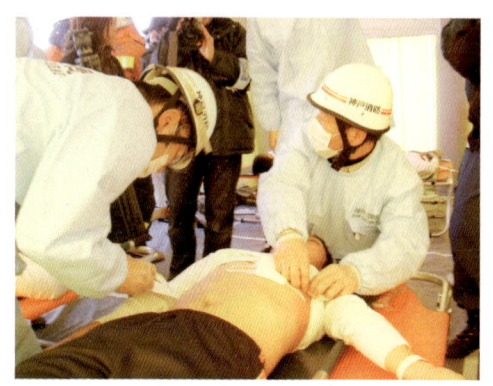

写真3-7　フレイルチェストでの胸郭固定。

(3)　C（Circulation）
外出血の圧迫止血
圧迫包帯
骨折の処置（写真3-7）

2　医療チームが行う処置

　災害発生現場近郊に十分な収容能力のある病院が存在している地域と30分以上走行しなければならない地域では、現場救護所での処置内容も当然変わってくるでしょう。医療責任者は、そのことも考慮しながら処置内容を決定すべきと思われます。
　基本的に医療チームの行う処置は、JPTEC・JATECに沿った二次救命処置を行います。

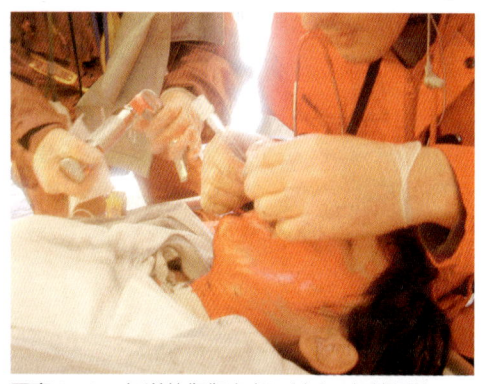

写真3-8　気道熱傷病者に対する気管挿管。

(1)　A（Airway）
エアウエイの挿入
気管挿管（写真3-8）
甲状輪状靱帯穿刺／切開
酸素投与

(2)　B（Breathing）
SpO_2の異常や頭部・頸部などの身体所見の異常から判断して実施します。
酸素化不良（肺挫傷、フレイルチェスト）
→人工呼吸
緊張性気胸（Cの異常も確認）→胸腔穿刺、胸腔ドレナージ
開放性気胸→3辺テーピング

(3)　C（Circulation）
観察：皮膚の性状、脈拍数、不穏、血圧
処置：外出血のコントロール（止血のための縫合）、急速輸液、疼痛のコントロール

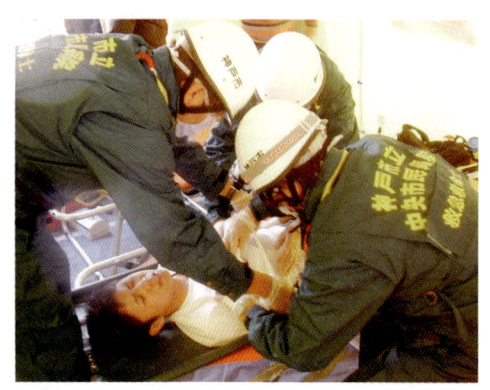

写真3-9　胸腹部の観察。

原因検索：胸部・腹部所見（**写真3-9**）、腹部超音波診断（FAST）、骨盤動揺
　　治療：骨盤骨折→シーツラッピング
　　閉塞性ショック→胸腔穿刺、心嚢穿刺

　これらの処置は、現場救護所と収容病院との距離間、傷病者数、傷病者の病態、医療チームのマンパワーなどを考慮して行います。
　また、これらの処置を現場救護所で実施するためには、二次トリアージポスト（エリア）と現場救護所を切り離さなければ現場救護所が混乱することは必至です。
　さらに、未治療の傷病者と治療済みの傷病者を識別できる**標示を取り付ける**ことも必要です。傷病者に毛布1枚掛けてしまうだけで治療の有無が不明となりますので、どのような状況下でも分かる表示方法を選択します。

《BY-TALK》

インドネシア編

JPRは、2007年11月からインドネシア共和国南カリマンタン州に1回4日間程度の救急救助技術支援をしてきました（写真3-E）。最終回（5回目）の2008年11月は、負傷者300人を想定した大規模災害対応訓練を行いました（写真3-F・G）。

また、2009年4月からは東ジャワ州のスラバヤ市で同様の支援活動を実施中で、4回目の2009年11月は負傷者200人を想定した大規模災害対応訓練を行いました。

いわゆる開発途上国と称されている国では、日本のように消防が救急救助を担当しているわけでなく（写真3-H）、救急救助システムそのものが存在していません（写真3-I）。救急車は地域の基幹病院にありますが、一般的な交通事故への対応もできていない状態です。ましてや、多数傷病者が発生した場合の大規模災害に対応するシステムもありません（写真3-J）。

インドネシアのこの二つの地域も他の開発途上国と同様に、JPRは現地州政府や市当局と協議しながら現地の災害対応力に見合った指導をしております。

写真3-E　JPRによる救急救助技術支援。

写真3-F　大規模災害対応訓練。

写真3-G　訓練の様子。右端は筆者。

写真3-I　軍人が傷病者を運びます。

写真3-H　救急救助を担当している部署はありません。ばらばらの車。

写真3-J　大規模災害に対応するシステムもありません。

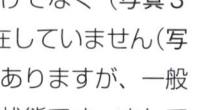

Ⅴ 搬送待機所

　現場救護所の混乱を避けるため、「治療済み」となった傷病者を病院搬送開始まで一時的に待機させるためのポストが「搬送待機所」です。

　ここでの最大の目的は、傷病者の緊急度・重症度、病院情報に基づく収容数のバランスなどを考慮しながら傷病者の搬送先病院を決定することです。同じ「赤」の傷病者の中でも搬送優先順位を決定し搬送先病院の収容者人数をこの搬送待機所でコントロールします。

　神戸市消防局では、この搬送待機所で傷病者の搬送先が決定した時点でトリアージ・タッグの左肩に**連続番号**を記入します。これにより傷病者に唯一の番号を与え、傷病者の出口をこの搬送待機所に一本化することができます（写真3-10）。さらに傷病者の総数、傷病者の重症度の区分別人数をはじめ、病院別の収容者人数も把握することができます。意識レベルが悪く氏名などを聴取できない傷病者であっても、トリアージ・タッグにこの番号と搬送先病院が記入されていれば、容易に傷病者の追跡調査が可能になります（写真3-11）。

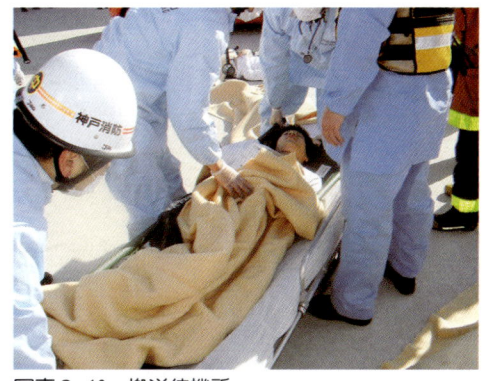

写真3-10　搬送待機所
(1)傷病者の出口は、ここ搬送待機所1か所。
(2)病院決定時にトリアージ・タッグの左肩へ、連続番号を記入。

写真3-11　連続番号があれば傷病者の追跡調査は容易です。

　第一群の救急車が病院へ出発した後は、必ず救急車が不在の時間があります。この時は、搬送待機所に傷病者が滞留することにより、現場救護所にもその影響が及びます。そのため搬送待機所での傷病者搬送コントロールは重要なポジションとなるため、地域の救急事情に詳しい救急隊長が受け持つことも重要なことです。

Ⅵ 病院搬送

1 病院との事前協議

　大規模災害では、傷病者を病院収容することが最も困難な作業です。何十人、何百人の傷病者が発生しても次々と病院収容できれば何の苦労もありません。しかし、現実には「赤」を10人収容するだけでも相当の困難性があることは、普段の救急活動からも容易に推察できます。

　しかし、多くの大規模災害の訓練では搬送先病院を事前に決定し、搬送したことにした訓練が大半で、実戦的に傷病程度に応じて収容病院を選択し、搬送する訓練はあまり行われていません（写真3-12）。

　傷病者の搬送先は、災害の規模と救急隊数（救急力）・病院の収容能力・緊急手術対応力などのバランスにより、大きく変わってきます。大都会では救命センターが十分ありますが、大都会以外では「大規模災害対応力」が低いため、傷病者の収容方法も複数の対策が必要となります。そのため、管内あるいは隣接市も含めて傷病区分ごとに何人収容できるか、把握しておく必要があります。各消防本部と各救急医療圏との事前協議は重要で、各病院での最低収容者数や平日と夜間・休日の両方の収容者数を協議しておくことも重要です。

　災害初期にたとえ5人でも無条件で収容できる病院があれば、次の収容病院を選択するまで時間を稼ぐことができ、指揮所は時間的余裕を持つことができます。

写真3-12　大規模災害で最も困難なことは病院収容です。

2 「分散収容方式」と「直近基幹病院一時収容方式」

　傷病者の収容方法は、この二通りがあります。地域の救急力と災害規模のバランスに応じて併用することも可能です（写真3-13）。

(1)「分散収容方式」
　少数の病院に一極的に収容することなく、できるだけ**多数の病院に分散して収容**する方

法を言います。一病院あたりの収容数は少ないため、病院の診療能力を引き出すことができます。この方法は、救急隊数も三次救急レベルの病院も十分にある大都会で有効です。

しかし、収容病院まで往復1時間以上要する地域で大量の「赤」が発生した場合には、第一群として先に搬送した救急隊が現場に帰還するまで、次の傷病者を搬送できない状態が発生し、搬送待機所や現場救護所で傷病者が滞留することになります。つまり、防ぎ得た死（Preventable Death）を回避できなくなる可能性があります。

写真3-13 病院選定 「分散収容方式」か「直近基幹病院一時収容方式」か選択。

(2) 「直近基幹病院一時収容方式」

災害現場に最も近い三次救急病院、または基幹病院を「赤」の**一時収容病院**として（写真3-14）、一定の時間以上の搬送に耐え得る症状への安定化を図ります（写真3-15）。重症者であればあるほど、病院での治療が必要となりますが、現場救護所では困難な救命処置も病院では可能となります。

病院の絶対的な協力が必要なため、事前協議や事前の傷病者受け入れ訓練も必須です。

ただし、傷病者収用とほぼ同時に広域搬送先の検索と応援救急隊などの搬送体制（写真3-16）を確立する必要があります。この部分の作業は、大変な手間の掛かる作業ですが、災害現場に救急隊が早く帰還できるため、現場救護所や搬送待機所に重症者が滞留することは少なくなります。

地震災害などの広域災害時に広域搬送中継基地として運用されるステージングケアユニット（SCU）方式の病院版と言えます。

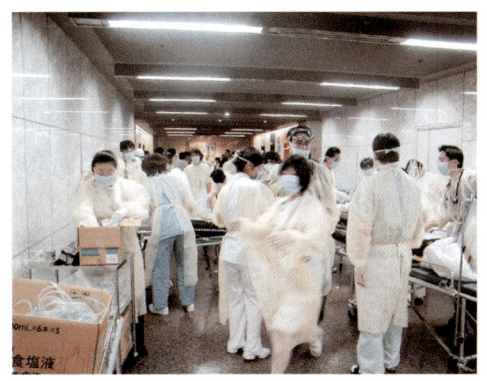

写真3-14 神戸市中央市民病院での受け入れ。

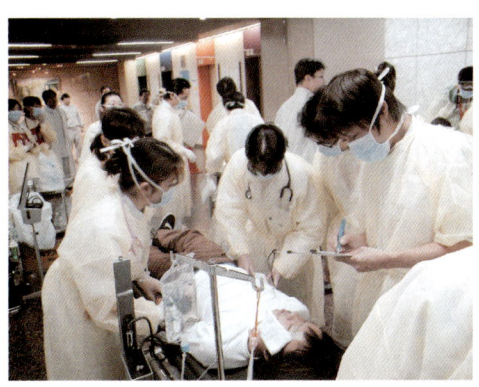

写真3-15 症状の安定化を図ります。

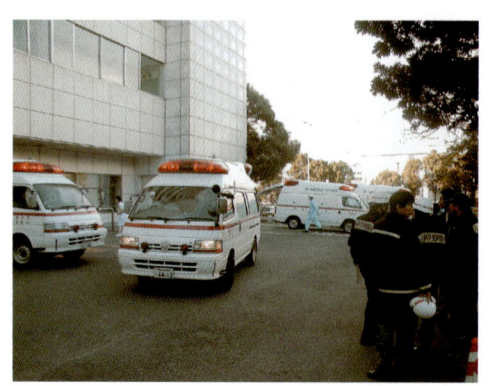

写真3-16　一時収容後に広域搬送に移ります。

3　「黄」の傷病者

　一般的に「黄」の傷病者は、**2時間まで病院収容を待てる**と言われています。「赤」を優先して搬送すると1時間以上待機させられます。収容先病院は「赤」を収容していない二次救急病院を中心に選択することになるでしょう。
　現場到着に30分〜1時間以上要する市外からの応援救急隊に搬送を依頼することも選択肢の一つと言えます。

4　「緑」の傷病者

　「緑」は喧騒をもたらし、大規模災害の現場を一層混乱させるため早期に分離させます。しかし、分離した「緑」にも隠れた「赤」「黄」がいるかもしれません。そのため当然二次トリアージは必要です。
　病院収容もコントロールが必要です。災害の規模が大きいほど、「緑」の人数は多くなります。これらが病院で多数を占めれば、「赤」「黄」の治療の妨げになります。このため、「緑」については早期の病院収容を控え、できる限り現場治療にとどめるべきでしょう。この現場治療の担当に地元医師会などと事前協議が必要となります。また、現場治療を担当する医師が病院搬送の可否について判断し、必要な「緑」のみを病院搬送することも重要となります。搬送にはバスを考慮します。
　「緑」は、消防機関のコントロールを逃れ自力で来院することもあります。得てして「緑」の傷病者はわがままであり、病院の外来を混乱させます。現場で「緑」をコントロールできるか否かが、災害現場を制すると言っても過言ではありません。

《BY-TALK》
開発途上国での二次トリアージに思う

　日本では本章でも記述しているように、START方式により生理学的観点からアプローチする一次トリアージと、解剖学的観点からアプローチする二次トリアージが使用されています。

　しかし、JPRが指導した研修生は、医師、看護師などの医療職のほかに、医学的知識がない消防隊員や警察官も多数含まれていたため（写真3-K）、生理学的、解剖学的な観点から判断する二次トリアージを指導することは、医療用語通訳の観点からも大変な労力を要しました（写真3-L）。研修中のシミュレーションでは、オーバートリアージとなっていましたが、実災害では、アンダートリアージや治療の遅れにつながることが懸念されました（写真3-M）。

　開発途上国での実災害を想像した場合、日本の救急隊のようにプレホスピタル専門の医療従事者の存在が極めて少なく（写真3-N）、また、インホスピタルの救急体制も不十分なため、病院から医療チームが災害現場に出動し、二次トリアージや現場処置をする余裕はほとんどないと思われます（写真3-O）。さらに二次トリアージを可能にするための教育には、ばく大な時間と経費を要します。しかし、災害現場での二次トリアージの重要性は明らかです。

　このため、開発途上国でのトリアージには、一次トリアージと二次トリアージの中間的な1.5次的なトリアージ法が必要と感じられました。この方法として、START方式のほかに非医療職にでも見た目の外傷で判断できる指標を付加することで、トリアージの目的である「緊急度」「重症度」が概ね達成できるように思います。

　JPRでは、2回のインドネシアでの大規模災害対応訓練で、図3-Bのようなトリアージ・タッグを使用し、タッグの裏面には病態を記入して容易に判断できるように作成しました。しかし、これでも非医療職のシミュレーションでの二次トリアージはオーバートリアージとなり、実災害ではオーバートリアージとアンダートリアージの両者が多数出て、トリアージの正確性が欠けることが懸念されました。

写真3-K　JPRは医学的知識がない消防隊員や警察官も多数指導します。

写真3-L　医療用語通訳が最も苦労しました。

写真3-M　安定しないトリアージレベル。

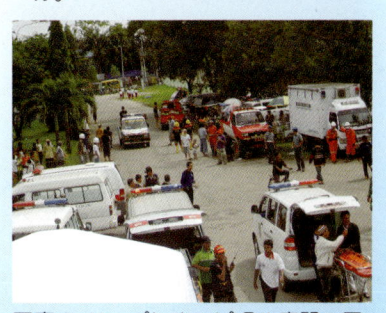

写真3-N　プレホスピタル専門の医療従事者はほとんどいません。

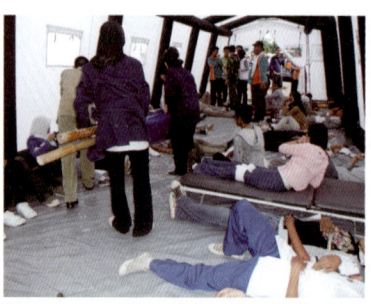

写真3-O 現場処置をする余裕はほとんどありません。

TRIASE PERTAMA

No.	NAMA	UMUR	Jenis.Kel LK² · PrP
ALAMAT		NO.TELPON	
DILAKSANAKAN PADA TGL BLN JAM :		NAMA PELAKSANA	
NAMA REGU PENGANGKUT		NAMA RUMAH SAKIT	

TRIASE KEDUA

Jam	:	:
Nafas		
Tekanan Darah		
Reaksi		
Tida ada reaksi		
Diperiksa (#1～#9)		
Perawatan		

【Triase Pertama】
- Jalan → Bisa → Ⅲ (緑)
- Jalan → Tidak
- Nafas → Tidak → O (黒)
- Nafas → Ada → 30/menit ↑ → Ⅰ (赤)
- Nafas → Ada → 30/menit ↓
- Denyut → 120/menit ↑ → Ⅰ (赤)
- Denyut → 120/menit ↓
- Reaksi → Tidak → Ⅰ (赤)
- Reaksi → Ada → Ⅱ (黄)

【Diperiksa】
(Jika terdapat salah satu dari kondisi dibawah ini ke Pos "Ⅰ" "MERAH")
A Nafas : 10/menit↓, 30/menit↑
B Tekanan darah : 90mmHg↓
C Denyut Nadi : 50/menit↓ 120/menit↑

#1 Luka besar diantara kepala sampai perut
#2 Tengkorak patah terbuka.
#3 Luka besar di wajah dan leher.
#4 Tulang pinggul bergeser.
#5 Panjang kaki berbeda..
#6 Luka bakar yang luas
#7 Kedua tulang paha patah
#8 Kaki dan tangan lumpuh
#9 Kaki dan tangan putus

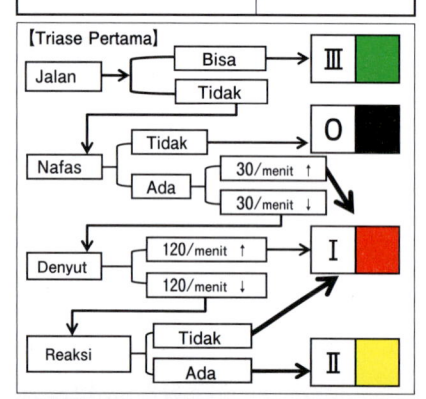

O Meninggal
Ⅰ Gawat dan Darurat
Ⅱ Gawat tidak Darurat
Ⅲ Tidak Gawat & Tidak Darurat

O Meninggal
Ⅰ Gawat dan Darurat
Ⅱ Gawat tidak Darurat
Ⅲ Tidak Gawat & Tidak Darurat

図3-B インドネシアで用いたトリアージ・タッグ

(正井 潔)

第4章
NBCテロとトリアージ

I NBCテロとは

1 「控えめ」な東京地下鉄サリン事件

表4-1 NBCとは

	英語	日本語	例
N	Nuclear	核	なし
B	Biological	生物	アメリカ炭疽菌事件（白い粉）
C	Chemical	化学	東京地下鉄サリン事件

東京地下鉄サリン事件（1995年）は、大都市において行われた世界でも初めてのNBC（表4-1）テロであるとされています。しかし、東京地下鉄サリン事件では、使われたサリンの濃度は約30％であり、散布の方法も、サリンを入れたビニール袋に先を尖らせた傘の先で穴を開けるという、極めて「控えめ」な方法がとられていました。これに対して、前年に起きた松本サリン事件では、サリンの濃度は約70％であり、電熱器で熱したプレートの上にサリンを1滴ずつ落として、強制的に気化させ、それを換気扇で散布したとされています。撒かれた剤の濃度、散布方法からいっても、いかに東京地下鉄サリン事件が「控えめ」な手段を取ったかが分かります。

事実、松本サリン事件では、7人が死亡、660人が負傷しました。すなわち、被災者のうちおよそ1％が死に至ったのですが、東京地下鉄サリン事件では、5,500人の被災者のうち死に至ったのは12人と、被災者の0.2％に過ぎません。この要因として東京では救急・災害医療体制が整っていたからとされ、海外からは日本の救急医療体制への賞賛の声も高かったのですが、筆者は、これは医療体制が有効に機能した結果というより、東京地下鉄サリン事件が前述のように「控えめ」のテロであったからと考えています。

2 NBCテロの最初の備えは知識を身に付けること

この意味から考えると、今後、不幸にして起こるNBCテロにおいては、東京地下鉄サリン事件での経験をそのまま当てはめて考えると、大変な誤算を引き起こしかねません。例えば、「防護や除染を行わなければいけないと言うが、それをしなかった消防職員、警察職員は誰一人死んでいないではないか」などと、NBCテロ対応における防護や除染などの大原則を軽視する発言すらみられます。しかし東京地下鉄サリン事件は、今後想定されるNBCテロからみれば、単なる警告に過ぎません。この意味で、いまだに人類は、都市における本格的なNBCテロを

経験していないと言ってよいでしょう。

　国民保護法制においてもNBCテロ事案は想定の中に含まれており、消防機関は国民の安全を守る意味でも、NBCテロに十二分に備えておかねばなりません。本章では、基本となる化学テロ（Cテロ）をはじめに解説し、次いで、生物テロ（B）、核テロ（N）の順で、NBCテロのトリアージについて解説します。市民の新たなる脅威である本格的なNBCテロに備えの初めは、知識を身に付けることからです。

3　NBCテロの本質は不安をあおること

　NBCテロの本質は、NBCハザードという目に見えない脅威を利用することによって、市民を不安に陥れる点にあります。このため、本来の傷病者以上に**Worried Well**と言われる、実際には負傷していないのに不安と心配で病院を受診する市民が多く発生することが懸念されています。NBCテロとは異なりますが、例えば、2008年の冷凍餃子事件では、特に広く事件が報道されてから後に病院を受診した市民の大部分は、Worried Wellでした。

　しかしながら、これは、想定された脅威であって、実際には異なる場合もあります。東京地下鉄サリン事件で聖路加国際病院では、事件当日来院した市民のうち、90.5％に縮瞳がみられました。縮瞳はサリン曝露の客観的指標になるため、残りの9.5％がWorried Wellと思われます。東京地下鉄サリン事件でWorried Wellがほとんどいなかったのはなぜだか不明です。報道等で聖路加国際病院に傷病者が殺到していたのが明らかだったので、はっきりとした症状のない人は聖路加国際病院に行かないように、心理的な力（自分のような曝露したかどうかも分からない人間が受診するのは混乱する病院に迷惑になると考えた??）が自然とかかったのでしょうか。真相は謎ですが、事実は小説よりも奇なりといったところです。

4　不安だけで押し寄せる人々を抑えるために

　東京地下鉄サリン事件では、たまたまWorried Wellが少なかったのですが、NBCテロ対応とそのトリアージにおいては、Worried Wellの発生を事前に想定しておく必要があります。NBCテロにおいてWorried Wellを抑え、災害医療の現場を混乱させないためには、市民に十分な広報が必須です。そのような混乱を防ぐための手法は「**リスクコミュニケーション**」と呼ばれ、昨今、注目されてきています。

II 化学テロにおけるトリアージ

化学テロにおけるトリアージが他の災害と異なる点は、
- 被災者の緊急度とは別に、除染の優先順位を決めるためのトリアージが存在する
- 除染における有効なトリアージを考慮しなければならない
- 黒タッグの考え方

の3つに集約されます。

1 一次トリアージ→除染トリアージ→二次トリアージ

化学テロが他の通常災害と何が異なるかと言えば、**除染**の過程が加わることです。すなわち、化学テロにおけるトリアージには、被災者の緊急度とは別に、除染の優先順位を決めるためのトリアージが存在します。除染前の最初のトリアージは一次トリアージと呼ばれます。特殊災害における一次トリアージの目的は、現場除染の優先順位を決めるためのものであり、生命兆候に関しては、明らかに死亡しているか、生きているか（生命兆候があるかないか）、生きていれば（生命兆候があれば）、歩けるか、歩けないか、程度の大雑把なトリアージにとどめます。

2 除染トリアージの基準

図4-1 総務省消防庁の推奨する除染（一部改）
総務省消防庁救助技術の高度化等検討委員会

```
                    一次トリアージ
            ┌───────────┴───────────┐
          歩行可能                  歩行不能
        ┌─────┴─────┐          ┌─────┴─────┐
汚染物質：不可視  可視もしくは      不可視   可視もしくは
                  皮膚刺激症状あり            皮膚刺激症状あり
        ↓          ↓                ↓          ↓
   自力で服交換  自力でシャワー     服交換      水的除染
優先度： ④          ③                ②          ①
```

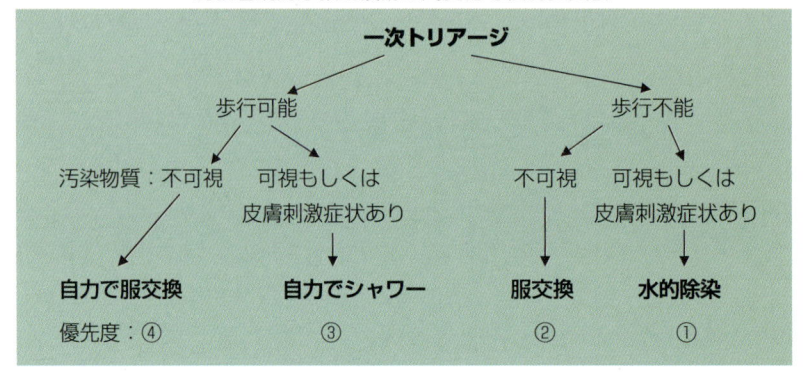

除染の選択基準としては、総務省消防庁の救助技術の高度化等検討委員会の基準があります（**図4-1**）。筆者は、この基準に糜爛剤を考慮し、皮膚刺激症状がある場合を加える

ことを提唱しています。図4-1には除染の優先度も示しています。これらの基準のみならず、総務省消防庁の救助技術の高度化等検討委員会の報告書は書籍にまとめられ、『生物・化学テロ災害時における消防機関が行う活動マニュアル』（東京法令出版刊）として発刊されているので、参考にしてください。

3　紙のトリアージ・タッグに代わるもの

水を使った除染の場合、通常の紙のトリアージ・タッグは使いにくいものです。しかも、化学テロで明らかに神経剤が疑われる場合（縮瞳、分泌亢進が被災者に共通している場合）では、一次救命処置よりも薬剤投与が優先され（**DDABCの原則（表4-2）**）、どのような薬剤をどれだけ投与したのかの薬剤投与の記入も必要となります。このため、今後は耐水性でかつ筆記具を使わないタイプのトリアージ・タッグ（既にイスラエルでは実用化）の導入が望まれます。このイスラエルのNBCテロ専用トリアージ・タッグは、プラスチック製のビンゴゲームカード状のもので、緊急度、使用した薬剤とその量を指で押し開け、筆記具なしで記録できるものです。しかし、実際の作成にはそれなりの手間と経費がかかります。

表4-2　化学テロでのDDABCの原則

Decontamination	除染
Drug	薬剤投与
Airway	気道確保
Breathing	呼吸
Circulation	循環の安定

4　一次トリアージには洗濯ばさみ

成田国際空港には、成田地区NBCテロリズム対策研究会という関係組織の枠を超えた会が存在しますが、その会で我々は、できるだけ簡易的かつ低コストで効果的なトリアージ方法を検討したところ、色の付いた洗濯ばさみにいきつきました。これは、一般的に売られている洗濯ばさみ（**写真4-1**：1個で5〜10円程度）を使用するものです。

洗濯ばさみは、赤色・黄色・緑色・白色・水色の5色を用意します（**写真4-1**）。緊急治療群に対して赤色、準緊急治療群に対して黄色、非緊急治療群に対して緑色を使用します（**写真4-2**）。また、乾的除染（服を着替える除染）を受ける被災者に対して白色、水除染を受ける被災者に対して水色の洗濯ばさみを使用します。

表4-3　NBCトリアージの洗濯ばさみ

赤	重症度：緊急
黄	重症度：準緊急
緑	重症度：非緊急
白	除染：服の着替え
水	除染：水洗い

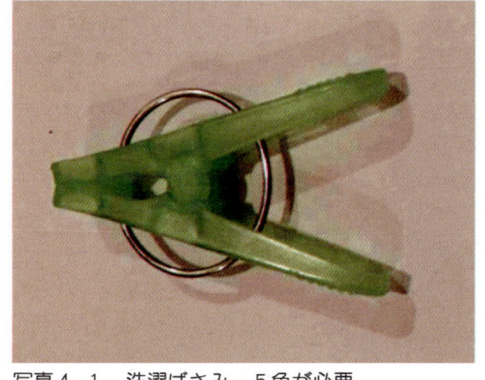

写真4-1　洗濯ばさみ。5色が必要。

写真4-2　化学テロを想定した訓練。

5　赤色黄色緑色（重症度）1個＋白色水色（除染方法）1個＝2個付ける

図4-2　ゾーンの区別

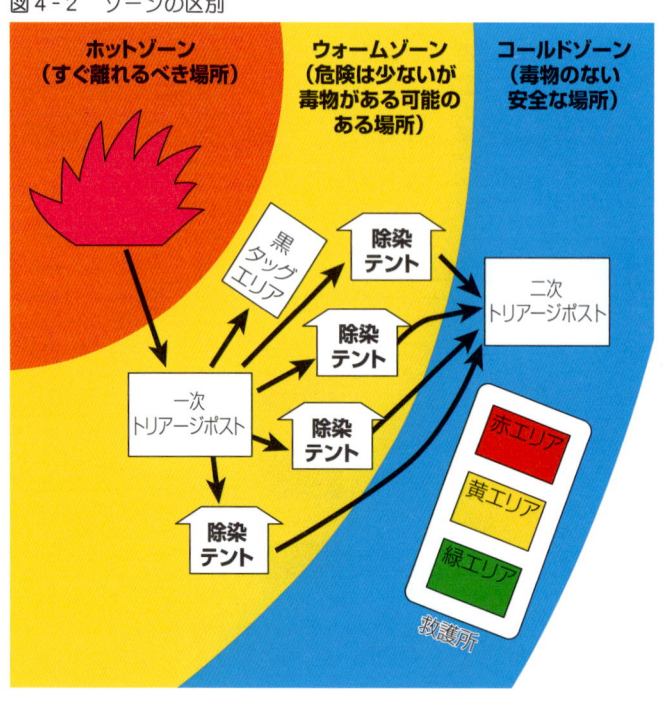

　手順としては、まず、ホットゾーン（図4-2）から被災者を消防・警察が誘導・救助を行い、安全な場所に引き出します。ウォームゾーンでは、一次トリアージを行います。基本的に歩行可能であれば非緊急治療群（緑）、痙攣や呼吸状態の悪化（頻呼吸、呼吸回数の低下、呼吸停止）、痙攣、爪床圧迫後血流回復時間（リフィリングタイム）の延長があれば、緊急治療群（赤）とし、他は準緊急治療群（黄）とします。トリアージの洗濯ばさみ、除染方法に関する洗濯ばさみ、いずれも衣服の分かりやすい場所（顔に近い服の襟の部分）に付けます。被災者が除染を受ける段階で、脱衣と同時に洗濯ばさみを外します。

6　スターダムCCPシステム

　一次トリアージにしても除染にしても、前述した基準はあくまでも目安であって、医療資源と患者の数、重症度分布によって、トリアージと除染方法は柔軟に選択します。この

洗濯ばさみを使った一連の流れを、Simple Triage And Rapid Decontamination Of Mass-casualties with the Colored Clothes-Peg（洗濯ばさみを使った単純で迅速な大量被災者除染：**STARDOM-CCP：スターダムCCP**）**システム**と命名しました。詳細は誌上で発表＊しましたが、訓練においても実地検証し、その有効性を検討しました。一次トリアージポストでは、レベルC防護衣を装着した救急医がトリアージ、除染の判断を行い、洗濯ばさみを傷病者に付けていきました（**写真4-3**）。救急医はレベルC防護衣を装着していましたが、特に洗濯ばさみを付ける際に視認性は良好で、ブチルゴムの手袋でも付けやすさに問題はありませんでした。また、模擬傷病者は様々な服装でしたが、洗濯ばさみを付ける場

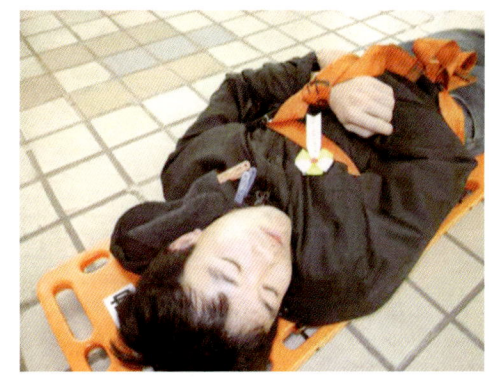

写真4-3　一次トリアージを受けた傷病者。

所に困ることはありませんでした。一次トリアージポストで模擬傷病者に洗濯ばさみを付けたのち、水除染群、乾的除染群の二群に分かれ、除染を受けました。除染後、被災者は二次トリアージを受け、そこでは通常の紙のトリアージ・タッグが使用されました。洗濯ばさみは、除染までの間特に脱落することはありませんでした。本法は、日本発の簡易で有効なNBCトリアージシステムとして、世界での普及が望まれているところです。

＊Okumura T, Kondo H, Nagayama H, Makino T, Yoshioka T, Yamamoto Y. Case Report: Simple Triage and Rapid Decontamination of Mass Casualties with Colored Clothes Pegs (STARDOM-CCP) System against Chemical Releases. Prehosp Disast Med 22: 225-228, 2007

7　化学テロではCPAでも蘇生可能

　昨今、START方式がその単純明快さから一次トリアージとして広く使われています。すなわち、呼吸がなかった場合、気道確保して、自発呼吸が出なければSTART方式では救命不能とするものです。しかし、START方式は外傷症例を想定して考えられたトリアージ法で、そのまま化学テロに適用するのは危険です。東京地下鉄サリン事件における聖路加国際病院の経験では、心肺停止例5例のうち3例までが心肺蘇生に反応し、完全社会復帰しました。この高い蘇生率は外傷では考えられないもので、化学テロ、中毒・化学災害ならではの特徴です。つまり、化学テロ、中毒事故、集団中毒事故、化学災害では、現場での医療資源が許す限り、まずは**蘇生に努めるべき**です。もちろん、使用された化学物質の毒性、現場での医療資源と被災者の重症度分布、数にも影響されますが、まずは蘇生に努めるべきであり、安易に**黒タッグは付けない**のが原則と心得るべきです。

III 核テロにおけるトリアージ

1 被曝は恐れることはない

　核テロ、生物テロにおけるトリアージは化学テロに準じますが、核テロで留意しておかなければならないのは、「被曝」と「汚染」を明確に区別しておくべきことです。「被曝」は恐れることはありません。レントゲン検査を受けても汚染されないのと同じことです。核は、NBCのうち、最も**検知技術が確立している**ことも核テロ対応の特色です。体表をサーベイメータでなぞれば汚染部位が特定できます。その意味では、NBCテロ対応の中でも、核テロは最も管理しやすいと言ってよいでしょう。また、**救命処置は除染に優先**されます。汚染、除染ばかりに気を取られて救命処置がおろそかになってはいけません。また、ダーティーボムなどの合併する外傷が存在する場合を除いて、被曝のみで直ちに命にかかわることもあり得ないことも知っておきましょう。

2 搬送員が健康上問題となる被曝を受けた経験もない

　知っておくべき基本的な知識として、世界中の被曝医療の歴史の中で、これまで搬送要員や医療関係者が、被災者からの放射線により健康上問題となるような被曝を受けた事実はありません。救急車搬送においては、養生を手早く行えるような訓練は必要です。航空搬送時の養生は、救急車搬送のように内部全体を覆う必要はなく、搬送用シートで被災者を養生すればいいだけです。

3 核テロの一番の問題は知識のなさ

　このような基礎的な知識は、すべからく救急隊員は持っているべきですし、そのような基礎知識に欠けていると、世界中で警戒が高まりつつある核テロに対して対応できない事態が憂慮されます。核テロに対する備え、理論武装は、すべての救急隊員に要求されています。既に原発立地県では救急隊員を対象とした搬送実習が行われていますが、残念ながら非原発立地県ではそのような訓練も行われる機会が少なく、知識不足の感が否めません。実習コースが、放射線医学総合研究所（千葉）等で開催されているので、積極的な参加が望まれます。

Ⅳ 生物テロにおけるトリアージ

1 顕性攻撃と非顕性攻撃

　生物テロは、大きく分けて、**顕性攻撃**と**非顕性攻撃**に分けられます。「白い粉」事例のように、事件発生時から分かりやすい形で生物剤の存在をアピールすることによって、社会を混乱させるのが顕性攻撃です。反対に、人知れず市民を生物剤に曝露させ、感染症発生の被害が拡大した段階で事態が明らかになるのが非顕性攻撃です。

　消防機関がトリアージを行う局面が出てくるのは、「白い粉」事例のような顕性攻撃でしょう。この場合も核テロと同様、汚染の有無が問題となり、汚染された被災者を除染させることになります。毒素による攻撃を除いて生物剤で直ちに命にかかわる症状は出現しないので、被災者に十分な説明を行った上でトリアージを粛々とこなす必要が出てきます。

2 新型インフルエンザは政治的問題

　生物テロではありませんが、昨今問題になってきているのが、新型インフルエンザによる**パンデミック**（感染症の爆発的流行）対応です。既にパンデミックは、起こるか起こらないかの問題ではなく、いつ起こるのか、という段階にあります。パンデミックにおいてもトリアージを行う局面が想定されますが、トリアージに消防機関が単独でかかわることはまずないでしょう。パンデミックにおけるトリアージは、むしろ社会全体の課題であり、疾病の拡大状況、残された社会的基盤構造等を総合的に判断した上でトリアージ基準が論議され、政治的な決断の上でトリアージが行われることになります。

（奥村　徹）

第5章

トリアージ訓練

I　訓練計画

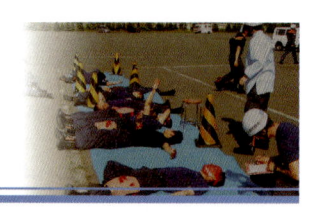

―職場での風景―

隊長「昼からは、行事もないから救急活動の
　　　訓練やるぞ！」
隊員「了解しました。」
隊長「心肺停止と一次外傷はできるように
　　　なったから、次は何を教えてほしい？」
隊員「そうですね、多数傷病者のトリアージ
　　　をやってみたいです。」
隊長「そうだな、管内で観光バスの事故でも、
　　　起こったら大変だしな。」
隊員「傷病者30人程度のトリアージ方法を教えてください。」
隊長「うーん、傷病者30人だと大がかりだから、本部に頼んでみるか。とりあえず、今日
　　　のところはタバコでも吸うか…」

写真5-1　どうしようか？

　トリアージの重要性は分かっていても、「人手もないし、方法も分からないし、いざやるとなると大げさになるから、どこかの勉強会に参加してから考えるか。」と思っていませんか？

大島家家訓

「一人の傷病者も観察できずに、多数のトリアージなんてできるわけがない」

　本書初版を発行したあと、「所属で訓練を計画したいけれど要領が分からない」という意見が筆者のもとに多数寄せられました。この2訂版では、基本的な具体例を載せましたので参考にしてください。時間や参加人数、参加者のレベルで調整を加えることによって、実りのある訓練を実施しましょう。

1　どこまでできるか考える

　トリアージ訓練を計画する前に、参加者のレベルを把握し、それにあった訓練を考えま

しょう。

　フローチャートに従って、順序立てて進んでいくと分かりやすいです。

```
┌─────────────────┐      よく知らない      ┌─────────────────────────────┐
│ トリアージを知っている │ ──────────────→ │ 座学を行います              │
└─────────────────┘                       │ もう一度、本書を読みましょう。特 │
         │ 知っています                    │ にp2-6について講義を行います。 │
         ↓                                 └─────────────────────────────┘

┌─────────────────┐      できません        ┌─────────────────────────────┐
│ 初期評価と全身観察 │ ──────────────→ │ 座学と実技を行います          │
└─────────────────┘                       │ p7-13「トリアージに必要な観察 │
         │ できます                        │ 技術」をもとに観察技術の講義と実│
         ↓                                 │ 技を行います。                │
                                           └─────────────────────────────┘

┌─────────────────┐   要領が分からない    ┌─────────────────────────────┐
│ START方式        │ ──────────────→ │ 座学と実技を行います          │
│ 一次トリアージ    │                       │ p69-73「START方式要領」を参 │
└─────────────────┘                       │ 照し、講義と実技を行います。  │
                                           └─────────────────────────────┘
                     訓練の仕方が分からない
                                           ┌─────────────────────────────┐
                      ──────────────→ │ 実技を行います                │
                                           │ p69-73「START方式要領」を参 │
         │                                 │ 照し、少人数でできるようになった│
         │ できます                        │ ら、p74-76を参照して大人数の実│
         ↓                                 │ 技を行います。                │
                                           └─────────────────────────────┘

┌─────────────────┐   要領が分からない    ┌─────────────────────────────┐
│ トリアージタッグ記入 │ ──────────────→ │ 実技を行います                │
└─────────────────┘                       │ p82-84「トリアージ・タッグ記入│
         │ できます                        │ 訓練要領」で行います。        │
         ↓                                 └─────────────────────────────┘

┌─────────────────┐   要領が分からない    ┌─────────────────────────────┐
│ 初期評価―全身観察 │ ──────────────→ │ 実技を行います                │
│ 二次トリアージ    │                       │ p85-89「初期評価―全身観察方式│
└─────────────────┘                       │ 訓練」の要領で行います。      │
         │ できます                        └─────────────────────────────┘
         ↓

┌─────────────────┐   要領が分からない    ┌─────────────────────────────┐
│ 搬送順位トリアージ │ ──────────────→ │ 座学と実技を行います          │
└─────────────────┘                       │ p90・91「搬送順位トリアージ」の│
                                           │ 要領で行います。              │
                                           └─────────────────────────────┘
```

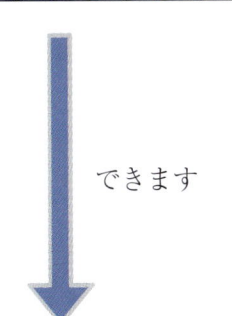

2　目標を設定する

　各実技を始める前に、目的と到達目標を明確にしてください。
　目標があるから頑張れるのです。参加者には貴重な時間を割いて集まっていただいたのですから、フローチャートでどの到達点を目指すのか決めましょう。

　　　例：今回は二次トリアージを重点的に行う。
　　　　　目　　的　傷病者数と病態の把握
　　　　　到達目標　①トリアージポストで必ず二次トリアージを行う。
　　　　　　　　　　②負傷者一覧表の作成を行う。

> 短時間の研修です。
> 訓練計画の作成者は、確実に覚えて欲しいことに的を絞り目標を立てましょう。

3　各手技のポイント

　すべて訓練目標になり得るものです。きちんと説明し参加者に周知させましょう。

表5-1　説明のポイント一覧

項　　目	説明内容
本日のメニュー	・これから行う内容と流れを説明する。 　全体の流れ・各手技の時間配分・班分け・各手技場所への移動要領・注意事項・質問 ・本日の到達目標について説明する。 　（多くを望んでも消化不良になりますので、ポイントを2つぐらいまでに絞りましょう。）
START方式 （一次トリアージ）	・START方式とは 　自隊の戦力が劣勢と判断した時に行うものですので必ずしも行わなくても良い。 ・START方式を行う前に行うことは 　優勢劣勢の判断、増援隊の有無の判断、傷病者数の把握を行う。 ・START方式で行うこと 　増援隊の種類と数の判断、大まかな負傷者の重症度の把握 　トリアージポストに運ぶ順番を決める。 ・ポイント 　緑タッグは現場から遠ざけると良い。 　必ず隊員を配置し状況把握を行い、応急処置を行う。
トリアージタッグ 記入要領	・タッグの書き方 　記入したタッグを初めに見るのは、搬送隊と処置隊である。どこへ運べば良いのか、どんな処置をすれば良いのか、分かるように書かなければダメ。 ・何をしたら良いのか分かるように 　ショック状態の傷病者ならば、特記事項に**酸素投与**と記入しておくと応急処置隊は酸素投与する。 ・なぜ赤なのか判断できるように

	トリアージ区分＝症状＝もぎり部分を合わせる。 症状の欄には根拠を必ず書く。 　例：ショックバイタルの理由 　　　（呼吸、脈拍速い・四肢冷感・皮膚湿潤など）
二次トリアージ	・迅速的確に初期評価と全身観察を行い、トリアージ区分に基づき判断する。 ・タッグの書き方 　記入したタッグを初めに見るのは、搬送隊と処置隊である。どこへ運んで何の処置をすればよいのか、観察したことと、行ってほしい処置を書いてもらえるよう観察する。
二次トリアージと傷病者一覧表記入	・傷病者数を把握するためには、トリアージポストを必ず通過するようにする（**鉄則です**）。 ・トリアージポスト通過時に傷病者一覧表を記入する。 　このとき、ＳＴＡＲＴ方式で使ったタッグの枚数との整合性を図る。 ・傷病者一覧表はタッグ番号順に記入すると確認しやすい。
図上トリアージ	・災害の内容と傷病者数、対応できる隊の数（指揮隊・水槽隊・救急隊）を説明する。 ・個人的に傷病者の流れをイメージさせる。 ・個人的に隊の活動をイメージさせる。 ・活動隊ごとに集まり、隊の活動を検討する。 ・全隊集まり、他の隊との連携を検討し、傷病者の流れを把握する。
災害トリアージ訓練	・図上シミュレーションとの違いを理解してもらう。

4　時間配分を決める

(1) 本日のメニュー

説明は5分程度としましょう。

細かい説明はそれぞれの訓練の前に行います。

(2) START方式の時間配分

最初の取り付きに30秒〜1分（優勢か劣勢かの判断、人数把握、重症〜軽傷者数の把握、自力歩行可能者の移動指示）＋**傷病者数×30秒**を目安にしてください。

(3) トリアージタッグ記入の時間配分

要領説明5分、デモンストレーションまたは読み上げを**初期評価**と**全身観察**を**2分**（少しゆっくり）で行い、タッグ記入後は解答・解説を5分程度を目安に行ってください。

(4) 二次トリアージの時間配分

傷病者準備1分＋傷病者観察2分＋トリアージ評価・タッグ確認1分

傷病者準備以外は人数×3分を目安に行ってください。

　例：6人で実施　（救急隊2人　傷病者4人）
　　　救急隊2人は観察者・タッグ記入者に分かれる。

基本時間	人数加算	合計時間
傷病者準備1分		1分
傷病者観察2分	4人	8分
評価と確認1分	4人	4分
合計		13分

(5) 二次トリアージと一覧表記載の時間配分

人数が増えると全体を見るための評価者が必要となります。

傷病者準備1分＋傷病者観察2分＋トリアージ評価・タッグ確認1分

傷病者準備以外は人数×3分を目安に行ってください。

傷病者一覧表を記入した場合は全体の時間に確認の3分程度を加えてください。

　例：10人で実施（救急隊3人　傷病者6人　評価者1人）
　　　救急隊3人は観察者・タッグ記入者・傷病者一覧表記入者に分かれる。

基本時間	人数加算	合計時間
傷病者準備1分		1分
傷病者観察2分	6人	12分
評価と確認1分	6人	6分
傷病者一覧表		3分
合計		22分

5 具体的な訓練計画を立てる

実際に計画を立てるための時間割です。参考にしてください。

(1) START方式（一次トリアージ）

参加20人程度で約2時間コース

指導者・補助者各1人　受講生18人（1班6人で3班編成）

項　目	内　　容	時　間
開会式	・開会挨拶・本日のメニュー説明・班分け	10分
基本実技	・START方式トリアージを行う目的について ・START方式トリアージの展示	10分
	・2人1組でトリアージ実施者と傷病者に分かれて実施 ・3分×6回実施	18分
	・班で1人の実施者が5人の傷病者に対して実施 ・7分×6回実施 　（負傷状況覚える1分＋トリアージ4分＋フィードバック2分）	42分
休　憩		10分
実　技	・2人の実施者が16人の傷病者に対して実施 ・12分×2回実施 　（負傷状況覚える2分＋トリアージ6分＋フィードバック4分）	24分
閉会式	・質問・まとめ・閉会挨拶	6分

(2) START方式(一次トリアージ)と二次トリアージ

参加20人で約2時間コース

指導者・補助者各1人　受講生18人(1班6人で3班編成)

項　目	内　　容	時　間
開会式	・開会挨拶・本日のメニュー説明・班分け	10分
START方式	・START方式トリアージを行う目的について ・START方式トリアージ要領の展示	10分
	・2人1組でトリアージ実施者と傷病者に分かれて実施 ・3分×6回実施	18分
	・班で1人の実施者が5人の傷病者に対して実施 ・7分×3回実施 　(負傷状況覚える1分+トリアージ4分+フィードバック2分)	21分
休　憩		10分
タッグ記入	・要領説明　　　　　　　　5分(全体で) ・デモ展示を見て記入　　　3分×2回　6分 ・解答・解説　　　　　　　5分×2回　10分	21分
移　動	・実技の準備	2分
二次トリアージ	・班を2つに分け3人1組で実施 ・4分×6回実施 　(負傷状況覚える1分+トリアージ2分+フィードバック1分)	24分
閉会式	・質問・まとめ・閉会挨拶	4分

(3) 二次トリアージ

参加20人で約2時間コース

指導者・補助者各1人　受講生18人(1班6人で3班編成)

項　目	内　　容	時　間
開会式	・開会挨拶・本日のメニュー説明・班分け	10分
	・二次トリアージを行う目的について ・二次トリアージ要領の展示	10分
基本実技	・班を2つに分け3人1組で実施(実施者・タッグ記入者・傷病者) ・10分×3回実施 ・負傷状況覚える　　　　　　　1分(全体で) ・傷病者観察トリアージ　　　　2分×3人　　　　6分 ・フィードバック　　　　　　　1分×3人　　　　3分	30分
	・班で救急隊3人(実施者・タッグ記入者・一覧表記入者)と傷病者3人に分かれて実施 ・13分×2回実施 ・負傷状況覚える　　　　　　　1分(全体で) ・傷病者観察トリアージ　　　　2分×3人　　　　6分 ・フィードバック　　　　　　　1分×3人　　　　3分 ・傷病者一覧表確認　　　　　　　　　　　　　　3分	26分
休　憩		10分
応用実技	・救急隊2隊(5人)で一次トリアージされた傷病者12人をトリアージポストで二次トリアージを実施(実施者2人・タッグ記入者2人・一覧表記入者2人) ・12分×2回実施	30分

	・負傷者割り振り及び設定　　　10分	
	・負傷状況覚える　　　　　　　　2分（全体で）	
	・傷病者観察トリアージ　　　　　2分×12人÷2隊　　12分	
	・フィードバック　　　　　　　　　　　　　　　　　3分	
	・傷病者一覧表確認　　　　　　　　　　　　　　　　3分	
閉会式	・質問・まとめ・閉会挨拶	4分

(4) 多数傷病者トリアージ総合訓練

　今まで行ってきた部分訓練の仕上げです。この総合訓練を単独で行っても良いのですが、基本訓練と組み合わせると効果的です。

　最初は図上トリアージを行います。各々が現場での自隊活動や他隊の連携をイメージし、その後同じ隊同士で検討、最後に他隊と活動内容をすり合わせると良いでしょう。

　最終段階としては、隊だけを決めておいて「訓練開始」が理想でしょうか。

参加20人で約1.5時間コース

指導者・補助者各1人　受講生18人

（救急隊2隊・消防隊2隊・指揮隊1隊・傷病者9人）

項目	内容	時間
説明	・メニュー説明・災害内容説明	5分
図上トリアージ	・個人で傷病者の流れ・隊ごとの活動・隊の連携を検討	5分
	・各隊発表・隊ごとに活動内容を検討	10分
	・全体で他隊との連携を検討	20分
休憩		10分
多数傷病者トリアージ総合訓練	・時間配分は総合訓練を参照	30分
まとめ	・質問・まとめ	10分

II START方式要領

　START方式は、特別な訓練を行わなくても実施可能なシンプルトリアージといわれていますが、実際はどうでしょうか？

　テキストを読んで理解しているけれど、始めの取り付きが分からないとか、誰から観察していけば良いのかとか、疑問を解決していかないと、いざ災害が起こったときには難しいと思います。

1　START方式の前にすること

(1)　**現場判断を行いましょう。**

　災害現場に到着したら、全体を見て判断しましょう。

　通報内容との整合性や、大雑把な傷病者数を確認しましょう。

　最先着した自隊の勢力が優勢なのか劣勢なのか、劣勢であれば増援隊が何隊必要かを判断し、指令に連絡しましょう。

　増援要請は時期を逸することなくかけましょう。

> **Point 1**
> 先着救急隊は、トリアージ隊となります。後着より状況を知っていますので、基本的には最終引き揚げ隊となります。

(2)　**トリアージ前のトリアージです。確認することとは？**

1)　まず、「○○消防○○救急隊です。通報された方か事故に関係ある方は合図してください。」と呼びかけると同時に、傷病者の大まかな数を把握します。
2)　重症を含む傷病者が多数いるのでトリアージが必要です。
3)　重症・中等症・軽症者数を確認し、早い段階で病院を選定するために、START方式と二次トリアージを選択しました。

> **Point 2**
> ここは、見た感じの第一印象で十分です。

(3) 声をかけ歩行可能者を移動させます。
　「歩ける方は、救急車内にいる隊員のところへ行ってください。」
　自力で動ければ 緑

> **Point 3**
> この時点で傷病者数を確認しましょう。
> 関係者から確認した人数、先着隊が確認した人数、トリアージポスト通過人数、搬送者数＋不搬送者数すべて一致しなくてはダメです。

可能な傷病者にはトリアージ・タッグを手渡して、必要事項を記入してもらいましょう。

> **Point 4**
> 軽傷者は現場から離れた場所、もしくは救急車内などに収容すると管理しやすいです。
> 車内収容した段階で、状況を聞く前に初期評価だけは必ず行ってください。
> 歩けるからといって軽傷とは限りません。早い段階で観察しましょう。

(4) 声をかけ意識のない傷病者を確認する。
　「意識のある方は合図してください。」

ここに残っている傷病者は、黄色タッグ以上です。

> **Point 5**
> 合図には声を出す、手を挙げてもらうなど反応を確認し、観察する順番を決めます。
> もちろん、反応なしの人から観察ですよ。
> おおよその傷病者数と重症者を把握しましょう。

(5) ここまででSTART方式前の選別が終わりました。
これもトリアージの一つです。

2 START方式トリアージを開始

(1) 反応のない重症と判断される傷病者から観察しましょう。
声をかけ、反応を見て、歩行可能か尋ねましょう。

> **Point 6**
> 観察の始まりです。
> フローチャートか判定シートに基づいてトリアージします。

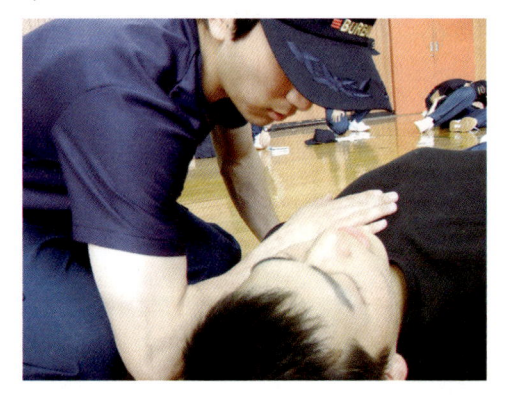

自力歩行→緑
反応なし・歩行不能→呼吸を確認する

(2) 呼吸の確認を行います。
気道確保で呼吸あり→赤
30回／分以上→赤
10回／分以下→赤

> **Point 7**
> 当然のことですが、反応がなければ気道確保して確認しましょう。

(3) 脈拍の確認を行います。
　　　橈骨触れず→赤
　　　120回／分以上→赤
　　　リフィリングタイム2秒以上→赤

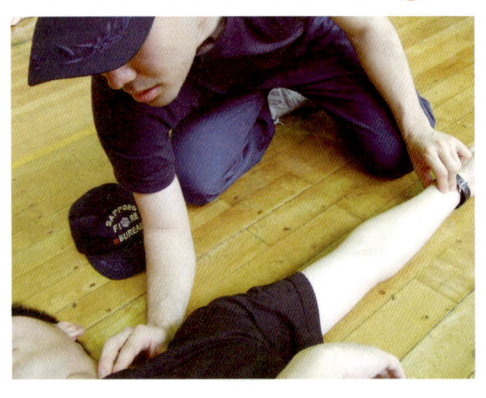

> **Point 8**
> 循環状態から判断するので、どれかが該当すればよいのです。橈骨→総頸→リフィリングタイム、とすべて観察する必要はありません。

(4) 簡単な指示に従うかを確認します。
　　　従わない→赤

> **Point 9**
> 意識状態を確認しますので、JCSを確認できるような内容を質問します。

(5) 介助で歩けるかを確認します。

　　介助で歩行できない→黄

　　介助で歩行できる→緑

Point 10
人手が要りますので、黄色は最後にしましょう。

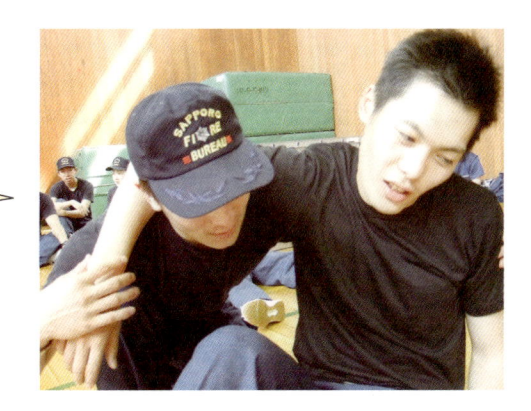

3　黒タッグについて

Point 11

　多数傷病者の訓練において、呼吸脈拍停止状態の傷病者には、黒タッグを付けるときがありますが、はたして本当に「黒」で良いのでしょうか？

　死亡判定できるのは**医師だけ**です。救急隊員ができる死亡の判断の指針としては、明らかに死亡している場合であり、それは一見して死と判断できるものとして示されている以下の2つを指します。

1) **頭部または体幹部が切断している場合**
2) **全身に腐乱が発生している場合**

　救急隊員としては、積極的に応急処置を実施し、家族の意思を最大限に尊重した活動をしなくてはなりません。「黒」にした瞬間に、死というものが確定してしまうのですから。

　黒タッグを付ける場合は、活動中に、自分たちの勢力が優勢にあるのか劣勢な状態にあるのかを常に考えなければなりません。傷病者5人を先着救急隊3人がトリアージする場合、傷病者5人中2人がCPAであれば勢力としては劣勢ですが、増援隊が来るまでは動けないので隊員2人がCPRできる戦力があります。このため「黒」でなく赤タッグで良いと思います。

　諦めることなく、常に「最大限の傷病者を救命する」イメージをもって活動していただきたいと思います。

III START方式訓練

START方式の行い方は理解できましたでしょうか？

1 START方式判定シート

　フローチャートを完全に覚えていない人のために、観察した項目でひと目で判断できるシートを作成しました。歩行から介助までを観察する過程で当てはめてください。

項　目	観　察　結　果	判　定
1　歩　行	・呼びかけで移動する	Ⅲ
	・歩けない	→呼吸
2　呼　吸	・なし→気道確保→なし	Ⅰ　　0
	・なし→気道確保→あり	Ⅰ
	・あり→10回／分未満	Ⅰ
	・あり→30回／分以上	Ⅰ
	・あり→10回／分～30回／分	→脈拍
3　脈　拍	・橈骨動脈触知不能	Ⅰ
	・橈骨動脈120回／分以上	Ⅰ
	・橈骨動脈120回／分未満	→簡単な指示
	・リフィリングタイム2秒以上	Ⅰ
	・リフィリングタイム2秒以内	→簡単な指示
4　簡単な指示	・簡単な指示に応じない	Ⅰ
	・簡単な指示に応じる	→介助で歩行
5　介助で歩行	・介助しても歩けない	Ⅱ
	・歩ける	Ⅲ

2 訓練開始

　ここではフローチャートか判定シートに基づいて訓練しましょう。いきなり大人数を想定してもできませんので、まず**少人数を観察**し判定しましょう。

表5-2 START方式タイムテーブル

実施項目	内　　容	時間
傷病者準備	負傷状態を覚える	1分
トリアージ	観察前の呼びかけ	一律　30秒
	傷病者を観察、トリアージ	1人×30秒
内容検討	選別理由を回答 傷病者からフィードバック	1人×1分

(1) 救急隊役1人と傷病者役1人を決めます。

Point 12
いろいろな想定を繰り返し行いましょう。2人からSTART方式の訓練ができるのです。

(2) 傷病者役の人は、歩行の有無・意識・呼吸・脈拍・指示に従うなど、負傷状態を覚えます。

Point 13
例：自力歩行ができなくて、呼びかけに反応する。
呼吸を36回／分にして赤タッグにしよう。

(3) トリアージ開始
　必ず観察に入る前の呼びかけは行ってください。

Point 14
「○○消防○○救急隊です。通報された方か事故に関係ある方は合図してください。」
「歩ける方は、救急車内にいる隊員のところへ行ってください。」
「意識のある方は合図してください。」

(4) トリアージ終了
　傷病者役にトリアージ結果と判定理由を伝えます。

Point 15
判定した根拠を言いましょう。
例：「呼吸が30回／分以上なので赤にしました。」

(5) フィードバック
　解答と観察要領についてフィードバックを受けます。

Point 16
解答例：「トリアージ区分、根拠とも正解です。」

Ⅳ トリアージ・タッグ記入要領

タッグを見てみると、住所・氏名・年齢・症状など見た目簡単な項目なので、書けないはずはないと思いますが、実際書いてみると、なかなか書けないものなのです。

1 タッグ記入

観察担当者とタッグ記入者の2人1組で行ってください。
(1) 記入者は、観察内容を聞き取ってタッグに記入してください。
(2) 空欄にする場合は、書き忘れと区別するため、不明とか不詳等を記入してください。
(3) 観察担当者は記入担当者が記入しやすいように工夫しましょう。

Point 17
例:「初期評価の結果ショック状態のため、赤タッグです。」

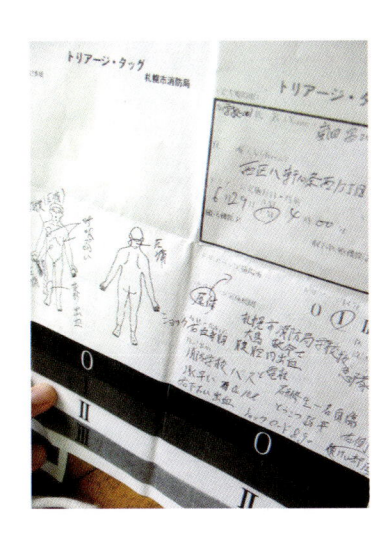

Point 18
実際に訓練を行った後、トリアージ・タッグを確認してみると、驚くほど空欄があります。
一番多いのは、意識状態が悪い傷病者の氏名、住所の記入もれです。観察担当者はレベルⅢ桁で仕事は終わるのですが、記入担当者はそれで終わらずに、確認できないところは不明とか特徴を書いてください。
空欄は実施してないと判断されます。

2 タッグ上段

図5-1　タッグ上段

```
                    トリアージ・タッグ
  (災害現場用)                              ○○消防
 ┌─────┬──────────────┬──────┬──────┐
 │ No.  │ 氏　名（Name）      │年齢(Age)│性別(Sex)│
 │      │                     │         │男（M）  │
 │      │                     │         │女（F）  │
 ├─────┴──────────────┼──────┴──────┤
 │ 住　　所（Address）         │ 電　話（Phone）    │
 │                             │                    │
 ├─────────────────┼────────────┤
 │ トリアージ実施月日・時刻    │ トリアージ実施者氏名│
 │          AM                 │                    │
 │   月　　日     時　　分     │                    │
 │          PM                 │                    │
 ├─────────────────┼────────────┤
 │ 搬送機関名                  │ 収容医療機関名     │
 │                             │                    │
 │                             │                    │
 └─────────────────┴────────────┘
```

(1)　タッグの番号（No.）は、**増援隊などと区別が付く**ようにしましょう。
　　例：札幌—001

> **Point 19**
> 使用時に書くのではなく、あらかじめ記入しておきましょう。

(2)　氏名は**カタカナ**で記入し、不明であればタッグ中段の「特記事項」のところに**身体的特徴**を記入しましょう。

> **Point 20**
> 字句解釈を聞いている時間はありません。

(3)　年齢は数字で記入し、性別欄は○印を付けましょう。

(4) 住所・電話は判明していれば記入しましょう。

> **Point 21**
> この部分は、ポスト内で確認するか傷病者に書いてもらっても良いです。

(5) **トリアージ実施者**及び**月日時刻**は必ず記入しましょう。

> **Point 22**
> ここは意外と記入漏れが起きやすい場所です。
> 責任あるトリアージを行うためにも、必ず観察担当者の名前を記入しましょう。
> 時刻は、再トリアージした時に、前回の状態を時間経過とともに把握するために必要です。

(6) 搬送機関名は搬送する隊を記入しましょう。

> **Point 23**
> 搬送指示者が搬送救急隊を指定し、記入しましょう。

(7) 収容医療機関名は搬送する病院を記入しましょう。

> **Point 24**
> 搬送指示者が搬送病院を決定し、記入しましょう。

3　タッグ中段

図5-2　タッグ中段

トリアージ実施場所	トリアージ区分 〇　Ⅰ　Ⅱ　Ⅲ	
トリアージ実施機関		医　　師 救急救命士 そ　の　他
症状・傷病名		
特記事項		

(1)　トリアージ実施場所は、トリアージを行った場所を記入しましょう。
　　例：国道〇〇号線路上・〇〇公園・〇〇救護所

(2)　トリアージ区分は該当するところに〇印を付けましょう。

(3)　トリアージ実施機関は所属する機関名を記入しましょう。
　　例：〇〇救急隊・〇〇病院

(4)　症状・傷病名は、トリアージ区分の根拠となった**観察内容**、医師による初診時の**傷病名**を記入しましょう。

> **Point 25**
> 誰が見ても分かるように必ず記入しましょう。

(5)　特記事項は、観察内容及び受傷機転、救出場所、特徴などを記入しましょう。

> **Point 26**
> 名前が分からない傷病者は、ここに特徴を記入しましょう。
> 身体的特徴は、20代女性・茶色の長髪・赤シャツにジーパン　など……

(6) トリアージ区分と症状・傷病名と下段のもぎり部分は**一致**していなければなりません。

> **Point 27**
> なぜ赤にしたのか、誰が見ても分かるように記入してください。
> 例：
> トリアージ区分　　①
> 症状・傷病名　　　ショック（判断した根拠・呼吸速く30回／分以上）
> もぎり部分　　　　　Ⅰ
>
> ここがタッグ記入で一番大事なところです。
> **訓練でもここの整合性が取れていないものが多いです。**

4　裏面人体図

全身観察で見た、生命を脅かすような**ケガ**等を記入しましょう。

> **Point 28**
> 例：胸部の打撲痕や下肢の開放創。
> 　　　行った応急処置等を記入してください。

Ⅴ トリアージ・タッグ記入訓練要領

　記入要領が分かったところで、実際に記入できるか確認してみましょう。シナリオを聞いて、トリアージ・タッグに記入しましょう。

実施項目	内　容
タッグ記入	観察内容を記入する
内容確認	タッグを確認する

1　観察している速さでシナリオを読みましょう。
2　事故内容　　貸し切りバスの単独交通事故で負傷者多数との通報
　　住所　　　　〇〇市国道〇〇号線路上
3　傷病者接触
　　傷病者は歩道上に仰臥している。
　　〇月〇日　PM.17時00分観察開始
（1）初期評価
　　・札幌救急隊大島です。分かりますか？
　　　お名前と年齢を教えてください？　山田太郎　30歳です。
　　　気道開通、意識レベルⅠ桁
　　・呼吸確認、見て聞いて感じて4・5・6・7・8・9・10
　　　呼吸36回／分、リザーバー付きフェイスマスクで酸素10ℓ／分投与してください。
　　・脈拍確認、1・2・3・4・5・6・7・8・9・10
　　　橈骨で弱く120回／分
　　　皮膚は冷たく湿っている。右下腿に活動性出血。止血処置してください。

　　　初期評価の結果……ショックバイタルで赤タッグです。

> **ここで一言**
> 初期評価にはいろいろ意見があると思いますが、ここでは正確なバイタルを把握した方が良いと思います。
> トリアージを行っている時は原則処置は行いませんが、活動性の出血処置は行いましょう。
> 酸素投与は特記事項に記入しましょう。
> 記入者に分かりやすいように、トリアージ結果と理由を言いましょう。

(2) 全身観察
- 頭部：頭部を観察します。左側頭部に腫脹・挫創が見られます。
  　　　頭触りますよ。骨折等はありません。
- 顔面：顔面を観察します。外表異常なし。
  　　　顔触りますよ。前額部異常なし。頬部異常なし。上顎・下顎部異常なし。
- 頸部：頸部を観察します。外表異常なし。
  　　　気管偏位なし。頸静脈怒張なし。皮下気腫なし。首の後ろ触りますよ。後頸部の圧痛あり。
- 胸部：胸部を観察します。
  　　　右胸部に打撲痕あり。
  　　　左胸から触診します。左側圧痛なし。右胸触診します。右胸圧痛あり。呼吸音確認します。左側聞こえます。右側呼吸音は弱いです。
- 腹部：腹部を観察します。
  　　　右腹部に打撲痕が見られます。腹部の膨隆はありません。
  　　　おなか触りますよ。腹部に圧痛あり。
- 骨盤：骨盤を観察します。
  　　　下肢の左右差なし。
  　　　骨盤触りますよ。動揺・圧痛なし。異常なし。
- 大腿：左足触りますよ。動揺・圧痛なし。異常なし。
  　　　右足触りますよ。動揺・圧痛なし。異常なし。
- 下腿：右下腿に変形あり。出血は止まっています（止血済み）。
  　　　両方の足首動かしてください。異常なし。
- 上肢：手を握ってください。触っているのが分かりますか？　異常なし。

観察の結果……ショックバイタルと右胸血気胸・腹部損傷の疑い。赤タッグです。

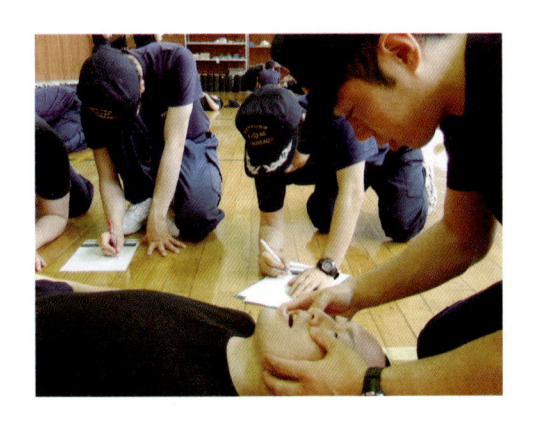

Point 29

観察者は、記入してほしいところを強調して言いましょう。
未記入部分がなくなってきたら、実際に観察したのを見て、記入できるようにしましょう。

4 記入内容確認

読み上げられた内容を記入するとこのようになります。

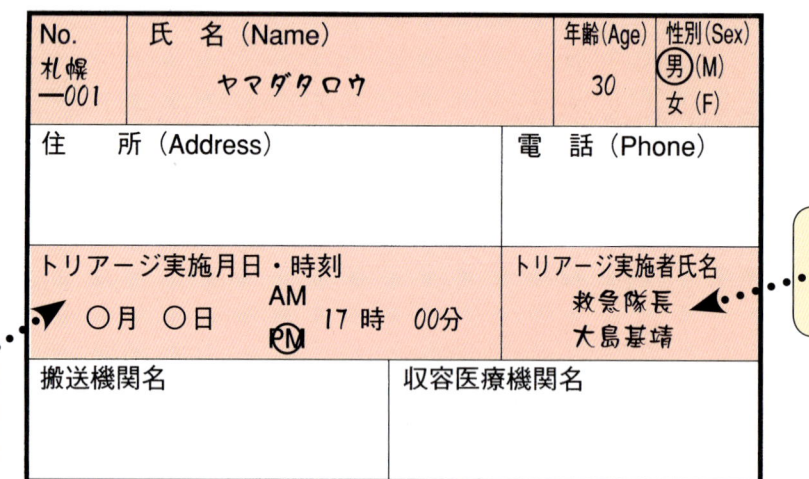

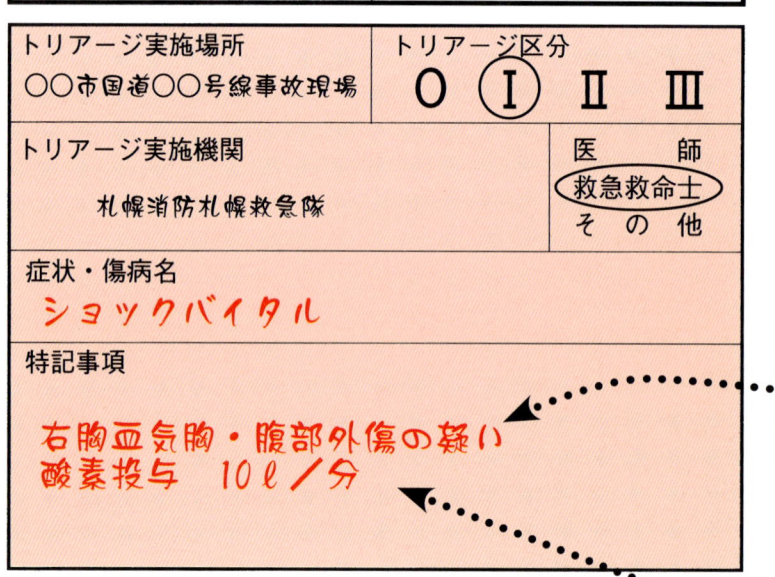

No. 札幌 一001	氏　名（Name） ヤマダタロウ		年齢(Age) 30	性別(Sex) ㊊(M) 女 (F)
住　　所（Address）		電　話（Phone）		
トリアージ実施月日・時刻 ▶ ○月 ○日　AM/㋛　17 時　00分		トリアージ実施者氏名 救急隊長 大島基靖		
搬送機関名		収容医療機関名		

（記入漏れ 多い！）
（記入漏れ 多い！）

トリアージ実施場所 ○○市国道○○号線事故現場	トリアージ区分 О　Ⓘ　Ⅱ　Ⅲ	
トリアージ実施機関 札幌消防札幌救急隊		医　　師 ㊋救急救命士 そ　の　他
症状・傷病名 ショックバイタル		
特記事項 右胸血気胸・腹部外傷の疑い 酸素投与　10ℓ／分		

（トリアージ区分の根拠は必須!!）
（処置も書く！）

Point 30

この赤地の部分を記入するだけなのですが、行った内容を検証してみると、圧倒的にトリアージ実施時間とトリアージ実施者の記入漏れが多いのです。

何回も言いますが、**トリアージ区分の根拠は必須**です。なぜ赤か、誰が見ても分かるようにしましょう。

酸素投与を記入したのは、トリアージされた後、消防隊や応急処置隊がタッグを見てすぐ応急処置ができるように、書いたほうがよいです。

Ⅵ 初期評価―全身観察方式訓練

　これがトリアージの基本になります（p13）。一次トリアージでSTART方式が用いられることがある以外は、すべてこの方法でトリアージされます。大げさな準備もなく行うことができますので、ここでトリアージの基本を身に付けてください。
　p87-89には「**傷病者情報表**」を載せています。この表をコピーし、Noごとに切り取って傷病者役に渡してください。

1．初期評価―全身観察方式訓練要領（表5-3）
　(1)　傷病者1人をトリアージ実施者と隊員でトリアージする
　(2)　トリアージ実施者は傷病者の全身観察を実施、隊員はタッグに記入
　(3)　処置はみなし
　(4)　傷病者にトリアージ・タッグを渡す
　(5)　実施者は選別理由を発表
　(6)　回答は傷病者から受ける
　(7)　タッグの記入内容を確認する

表5-3　タイムテーブル

実施項目	要　　領	時間
傷病者準備	負傷状態を覚える 傷病者情報表（p87-89）参照	1分
傷病者観察	傷病者を観察しトリアージ・タッグに記入	2分
トリアージ結果発表	選別理由を発表 傷病者は観察要領を評価する	1分
タッグ確認	タッグの記入内容を確認し記入漏れ等を確認	1分

2．傷病者役は負傷状態を覚えます。

> **Point 31**
> 事前に準備しておかないと時間がかかります。傷病者情報表を参考にしてください。

3．傷病者を演じましょう。

> **Point 32**
> メインになる病態のほかはアドリブでOKです。

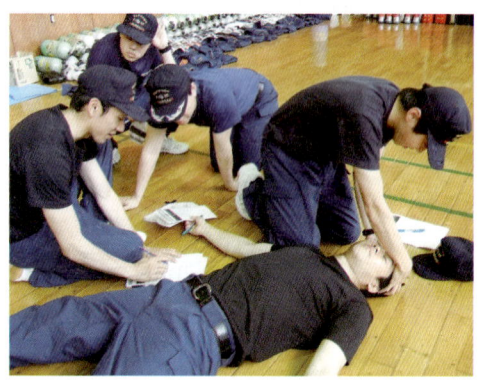

4．訓練開始
　最初に**初期評価**をして傷病者の状態をつかんだあとに、**全身観察**をします。

> **Point 33**
> タッグ記入役の隊員が記入しやすいように観察してください。

5．結果発表

> **Point 34**
> 判断した根拠が大切です。きちんと判断して伝えましょう。

6．訓練終了

> **Point 35**
> 振り返りが大切です。反省点を次の訓練に活かしましょう。

表5-4　傷病者情報（赤＋JCS Ⅲ桁）

No	初期評価	全身観察	病態	判定
1	意識：痛み刺激に反応しない 気道：なし・気道確保で開通 呼吸：気道確保で遅く不規則 循環：橈骨弱く遅い	頭部外傷 頭部から活動性の出血	脳挫傷 外傷性クモ膜下出血	Ⅰ
2	意識：痛み刺激に反応しない 気道：なし・気道確保で開通 呼吸：気道確保で浅く速い 循環：橈骨弱く速い	腹部に打撲痕 骨盤に動揺	ショック 腹腔内出血 骨盤骨折	Ⅰ
3	意識：痛み刺激で、顔をしかめる 気道：開通 呼吸：浅く速い 循環：橈骨弱く速い	胸部圧痛動揺 右呼吸音減弱	ショック 多発肋骨骨折 血気胸	Ⅰ
4	意識：痛み刺激で、顔をしかめる 気道：開通 呼吸：浅く速い 循環：橈骨弱く速い	腹部膨隆 腹部圧痛	ショック 腹腔内出血	Ⅰ
5	意識：痛み刺激で、払いのける 気道：開通 呼吸：浅く速い 循環：橈骨弱く速い	腹部膨隆 骨盤に圧痛	ショック 腹部損傷疑い 骨盤骨折の疑い	Ⅰ
6	意識：痛み刺激で、払いのける 気道：開通 呼吸：遅く浅い 循環：橈骨強く遅い	左頭部打撲腫脹 右大腿骨骨折（動揺あり 痛みに反応なし）	左脳内出血 右麻痺	Ⅰ
7	意識：痛み刺激で、払いのける 気道：開通 呼吸：浅く速い 循環：橈骨弱く速い	頸静脈怒脹 前胸部打撲痕 胸部圧痛	ショック 心タンポナーデ	Ⅰ
8	意識：痛み刺激で、払いのける 気道：開通 呼吸：浅く速い 循環：橈骨弱く速い	両大腿骨骨折	出血性ショック	Ⅰ

表5-5　傷病者情報（赤＋JCS Ⅱ桁）

No	初期評価	全身観察	病態	判定
9	意識：痛み刺激で開眼 気道：なし・気道確保で開通 呼吸：気道確保で遅く浅い 循環：正常	頭部外傷 頭部から活動性の出血	脳挫傷 外傷性クモ膜下出血	Ⅰ
10	意識：痛み刺激で開眼 気道：なし・気道確保で開通 呼吸：気道確保で浅く速い 循環：橈骨弱く速い	腹部に打撲痕 骨盤に動揺	ショック 腹腔内出血 骨盤骨折	Ⅰ

No	初期評価	全身観察	病態	判定
11	意識：大きな声ゆさぶりで開眼 気道：開通 呼吸：浅く速い 循環：橈骨弱く速い	胸部圧痛動揺 右呼吸音減弱	ショック 多発肋骨骨折 血気胸	I
12	意識：大きな声ゆさぶりで開眼 気道：開通 呼吸：浅く速い 循環：橈骨弱く速い	腹部打撲痕 腹部圧痛	ショック 腹腔内出血	I
13	意識：呼びかけで開眼 気道：開通 呼吸：浅く速い 循環：橈骨弱く速い	腹部圧痛 骨盤に圧痛	ショック 腹部損傷疑い 骨盤骨折の疑い	I
14	意識：呼びかけで開眼 気道：開通 呼吸：遅く浅い 循環：橈骨強く遅い	左頭部打撲腫脹 右大腿骨骨折（動揺あり、痛みに反応なし）	左脳内出血 右麻痺	I
15	意識：呼びかけで開眼 気道：開通 呼吸：浅く速い 循環：橈骨弱く速い	頸静脈怒脹 前胸部打撲痕 胸部圧痛	ショック 心タンポナーデ	I
16	意識：呼びかけで開眼 気道：開通 呼吸：浅く速い 循環：橈骨弱く速い	両大腿骨骨折	両大腿骨骨折 出血性ショック	I

表5-6　傷病者情報（赤＋JCS I 桁）

No	初期評価	全身観察	病態	判定
17	意識：開眼 気道：開通 呼吸：浅く速い 循環：橈骨弱く速い	頭部外傷 頭部から活動性の出血	大出血 ショック	I
18	意識：開眼 気道：開通 呼吸：浅く速い 循環：橈骨弱く速い	腹部に打撲痕 骨盤動揺	ショック 腹腔内出血 骨盤骨折	I
19	意識：開眼 気道：開通 呼吸：浅く速い 循環：橈骨弱く速い	胸部圧痛動揺 右呼吸音減弱	ショック 多発肋骨骨折 血気胸	I
20	意識：開眼 気道：開通 呼吸：浅く速い 循環：橈骨弱く速い	腹部打撲痕 腹部圧痛	ショック 腹腔内出血	I
21	意識：開眼 気道：開通 呼吸：浅く速い 循環：橈骨弱く速い	胸部・腹部圧痛 骨盤に圧痛	ショック 胸腹部損傷疑い 骨盤骨折の疑い	I

No	初期評価	全身観察	病態	判定
22	意識：開眼 気道：開通 呼吸：遅く浅い 循環：橈骨強く遅い	左頭部打撲腫脹 右大腿骨骨折（動揺あり 痛みに反応なし）	左脳内出血 右麻痺 右大腿骨骨折	Ⅰ
23	意識：開眼 気道：開通 呼吸：浅く速い 循環：橈骨弱く速い	頸静脈怒脹 前胸部打撲痕 胸部圧痛	ショック 心タンポナーデ	Ⅰ
24	意識：開眼 気道：開通 呼吸：浅く速い 循環：橈骨弱く速い	両大腿骨骨折	両大腿骨骨折 出血性ショック	Ⅰ

表5-7　傷病者情報（黄）

No	初期評価	全身観察	病態	判定
25	意識：呼びかけで開眼 気道：開通 呼吸：正常 循環：正常	頭部から活動性の出血	頭部外傷	Ⅱ
26	意識：呼びかけで開眼 気道：開通 呼吸：正常 循環：正常	腹部に打撲痕 腹部圧痛	腹腔内出血の疑い	Ⅱ
27	意識：呼びかけで開眼 気道：開通 呼吸：正常 循環：正常	胸部圧痛動揺	肋骨骨折	Ⅱ
28	意識：大きな声ゆさぶりで開眼 気道：開通 呼吸：正常 循環：正常	頭部外傷	意識障害JCS20	Ⅱ
29	意識：開眼 気道：開通 呼吸：正常 循環：正常	右大腿骨骨折	右大腿骨骨折	Ⅱ
30	意識：開眼 気道：開通 呼吸：正常 循環：正常	腹部に打撲痕 腹部圧痛	腹腔内出血の疑い	Ⅱ
31	意識：開眼 気道：開通 呼吸：正常 循環：正常	胸部圧痛動揺	肋骨骨折	Ⅱ
32	意識：開眼 気道：開通 呼吸：正常 循環：正常	右腹部・大腿熱傷	重症熱傷	Ⅱ

VII 搬送順位トリアージ

　多数の負傷者が発生し増援救急隊の到着まで時間がかかる場合や、数台の救急車が現場と病院とをピストン搬送するときなどに、搬送順位のトリアージを行います。

1. 赤タッグの中から、**緊急処置を行うこと**で**救命が可能**な傷病者から搬送していきます。

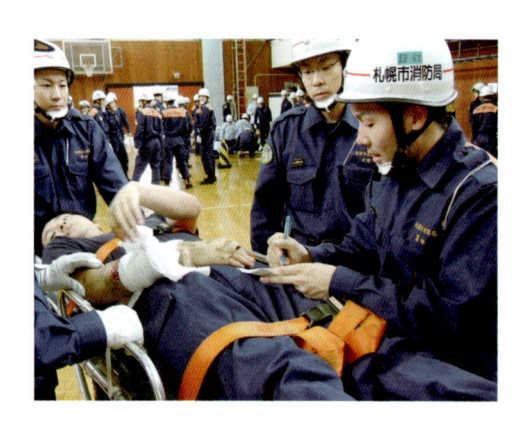

> **ここで一言**
> 選択は非常に難しいと思います。
> 基本的には、
> 第一選択：外来ホールでの処置で改善可能
> 　・持続性の出血によるショック
> 　・緊張性気胸など
> 第二選択：緊急手術で救命可能でしょうか。
> CPAの傷病者をどの時点で搬送するかは、災害の規模にもよります。明らかな死亡の場合を除き、救急救命士は黒タッグを付けないようにしましょう。

2. 救護所内で二次トリアージが終了した順に、**一覧表**（表5-8）に記入していきます。救護所で処置が行われた場合には、もう一度初期評価―全身観察方式を行い、情報を更新した上で一覧表に記入します。

表5-8　傷病者一覧表

タッグ番号	氏　名	性別	年齢	住　所	電話番号	トリアージ区分	収容医療機関	搬送救急隊
		男・女						
		男・女						
		男・女						

（1）タッグ番号欄にはトリアージ・タッグに記入されている番号を書きます。
（2）氏名・性別・年齢・住所・電話番号は、トリアージ・タッグに記入されているまま記入してください（記入漏れがあればここで書きましょう）。
（3）トリアージ区分には、タッグの色と根拠となった観察結果を記入しましょう。

(4) 収容医療機関欄は、病院情報を確認した後、搬送病院をトリアージ・タッグと一覧表に記入しましょう。
(5) 搬送救急隊欄は、待機している救急隊を確認し記入しましょう。
(6) 搬送を指示された救急隊長は、傷病者を収容しタッグの1枚目を**指揮本部に提出**し搬送を開始します。
(7) すべての傷病者を搬送した後に、トリアージ・タッグの枚数と傷病者数が一致しなくてはダメです。

最後にトリアージ・タッグの流れを図示します（**図5-3**）。

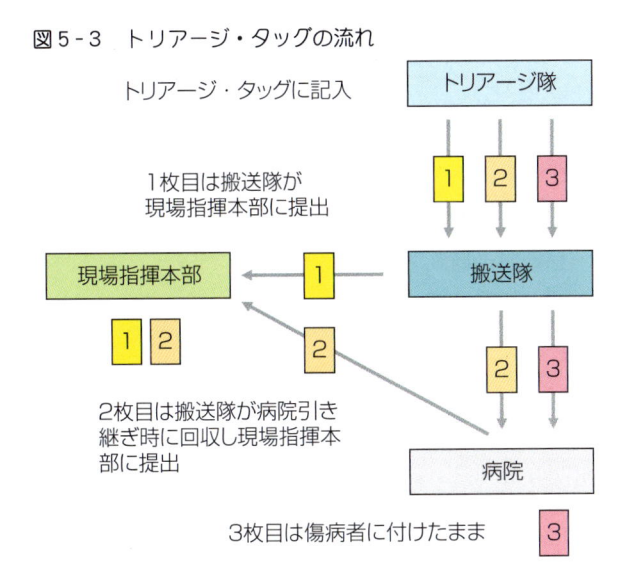

図5-3 トリアージ・タッグの流れ

VIII 図上トリアージ

　トリアージの基本手技を習得できたら、次は多数傷病者対応総合訓練に進んでみましょう。
　しかし、いきなり総合訓練を行っても、上手に傷病者をさばけるものではないのです。まず図上トリアージでイメージしてみましょう。

1　想定を決める

　観光バスの単独事故で乗客は20人程度で重症者がいるようだとの目撃通報。
　先着隊は救急隊、消防隊各一隊。
　想定はシンプルに。傷病者の流れを考えましょう。

図5-4　想定した事故現場

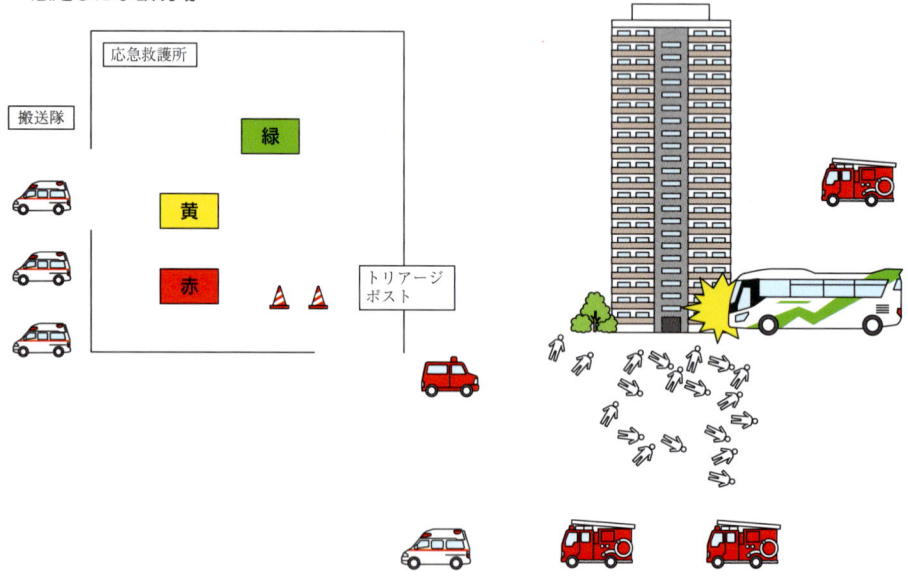

活動の流れを考えるとこんな感じです。

> **Point 36**
> (1) 事故現場を確認したところ、傷病者数は20人
> (2) 戦力は明らかに劣勢
> (3) 増援要請を行う
> (4) START方式でトリアージ実施、受け入れ病院要請
> (5) トリアージポスト及び応急救護所設置
> (6) 二次トリアージ
> (7) 搬送トリアージ

2　活動内容を決める

(1) 活動隊として最低限必要なのは、先着救急隊・増援救急隊・消防隊・病院搬送救急隊です。

> **Point 37**
> 自分が配属された隊の行うべきことを考えます。
> 隊は時間差をつけて投入されることに注意しましょう。

(2) 活動隊ごとに役割を決めました。
　　自分のイメージしていた隊の行動内容を、お互い検討してみましょう。

表5-9 活動内容一覧

活動隊	活動内容
先着救急隊 救急指揮所要員	状況を指令員に報告 増援要請 START方式トリアージを実施 病院搬送を指示 トリアージ・タッグ記入 タッグ回収 指揮隊との連絡
増援救急隊	二次トリアージを実施
消防隊	トリアージポスト設置 現場からポスト内へ担架搬送 トリアージ・タッグ記入 傷病者一覧表への記入
指揮隊	状況を指令情報センターに報告 増援要請 指令員に病院選定依頼

3 全体の行動確認

ここからが難しいところです。

現場到着から各隊ごとの行動をすり合わせて、総合訓練に臨んでください。

Point 38

活動時間を考えながら進めていきましょう。

一次トリアージは1人30秒。トリアージポストまでの搬送時間は担架搬送隊の数で考えます。

二次トリアージは1人2分。重症者が選定され、搬送先病院と搬送隊が決まったら搬送トリアージを開始します。

IX 現場から搬送までの総合訓練（複数隊訓練編）

　ここでは、多数傷病者トリアージ訓練を行うに当たっての要領について説明します。
　訓練は、救急標準課程の授業で実際に行い、観察要領は外傷の授業で実施しました。

1．まず訓練要領を説明します。
　(1)　多数傷病者が発生したという想定です（事故内容は様々です）。
　(2)　活動隊で最低限必要なのは先着救急隊・増援救急隊・消防隊・病院搬送救急隊です。

Point 39
訓練の進め方と実施順番を説明します。

Point 40
各隊の役割、行動概要を再確認しています。

Point 41
先着隊と増援救急隊は救命士2人で行いました。トランシーバーを使用し、増援要請されてから2分～3分のタイムラグを設けました。

2．各隊の役割は、図上トリアージで決定しています。
訓練時間は全体で30分。出動指令から20分で終了にしました。

表5-10　時間割

実施項目	実施内容	実施要領	時間配分
訓練概要説明	訓練内容説明		
訓練準備	訓練準備	傷病者班は負傷状態を覚える	5分間
多数傷病者トリアージ訓練	傷病者（12人）を1班（2人×2隊）でトリアージする	増援救急隊は先着隊到着の3分後到着 消防隊は要請から2分後到着	訓練時間は20分で打ち切り
訓練評価	訓練の振り返りを行う	負傷者数やトリアージの状況を確認し評価する	5分間

3．傷病者負傷状況打ち合わせ

Point 42
負傷状況は自由に設定させましたが、傷病者から情報収集をさせるため、1人は軽傷者にしましょう。
決定したら、訓練終了後の評価に必要ですので、重症度別の人数を報告してもらいます。

4．訓練開始
想定は、観光バスの単独事故です。

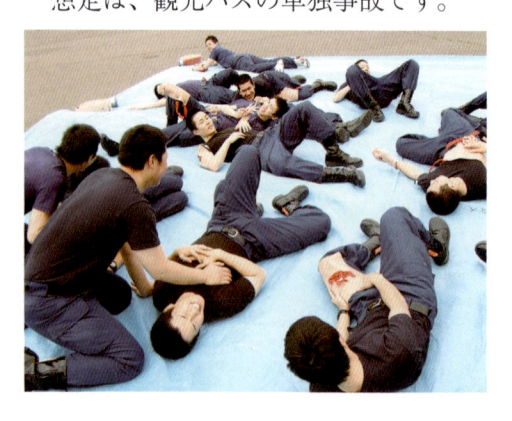

Point 43
臨場感を出すために、真剣に演技させます。意識のある者は、早く見てもらえるよう大声で叫び続けるなど工夫させました。

5．先着隊到着
（1）車両は二次災害危険のない場所に部署します。

(2) 現場を確認した結果、明らかに劣勢ですので、トリアージを行います。
(3) 救急隊だけでは対処できませんので、消防隊の増援・指揮隊を要請します。

> **Point 44**
> トリアージの始まりです。
> 明らかに劣勢なので、応援を要請します。

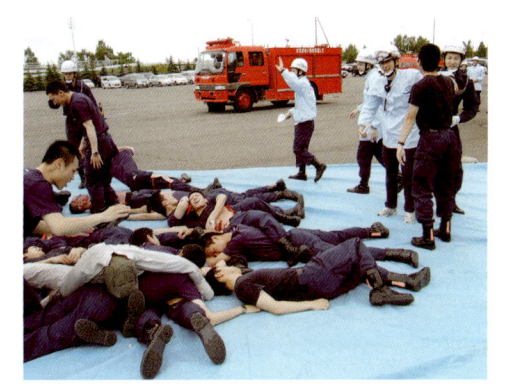

6．START方式で一次トリアージ開始
(1) 呼びかけて歩行可能者を移動させましょう。
(2) 歩行できない人には、意識があるか合図させましょう。
(3) おおよその傷病者数と重症者を把握しましょう。

> **Point 45**
> 呼びかけて、歩行可能な傷病者を移動させましょう。

(4) 状況観察に基づき増援要請を行いましょう。

> **Point 46**
> おおよその重症者・軽傷者数を判断し、増援隊を要請しましょう。

(5) 増援救急隊2人到着。まだまだ傷病者が多数いるため、一次トリアージを開始しましょう。

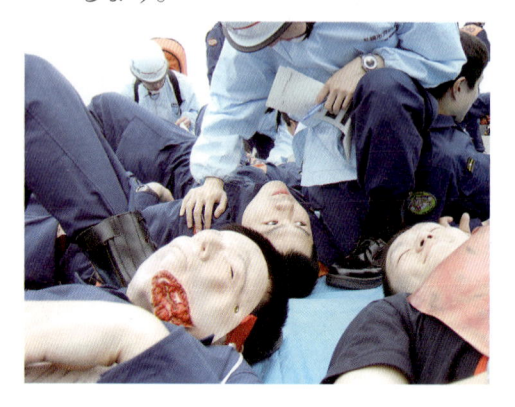

Point 47
先着救急隊は増援隊に対し、状況に応じて一次トリアージを行わせるか、トリアージポストで二次トリアージさせるか指示しましょう。

(6) 指揮隊・消防隊到着

Point 48
消防隊は、トリアージポストの設置、指揮隊はさらに詳しい状況把握を行い、病院の手配を行います。

7．トリアージポストでの二次トリアージ
(1) 応急救護所が設置できしだい、一次トリアージが終了した傷病者からトリアージポストに搬送しましょう。

Point 49
応急救護所が設置されたら、一次トリアージされた傷病者を搬送します。搬送は消防隊に要請します。

(2) トリアージポストで必ず二次トリアージを行いましょう。

> **Point 50**
> ここで人数の把握とトリアージされた色別に傷病者を振り分けます。
> ここで人員把握しないと、傷病者数が分からなくなります。

(3) ここで一覧表にタッグの番号とトリアージ区分を記入して、傷病者数と重症度を確認しましょう。

> **Point 51**
> 傷病者は必ずポストを通過させましょう。
> 人数の把握ができなくなる一番の原因は、ポストを通さないで救護所に運ばれるときに発生します。

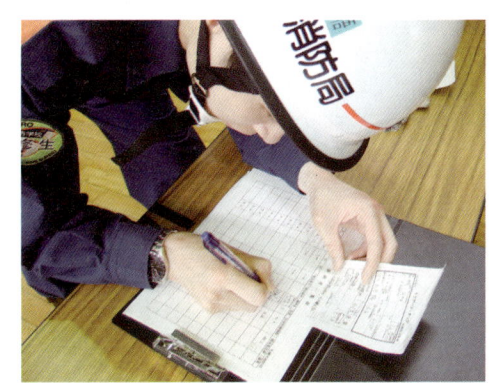

8．救護所へ搬送
(1) 救護所内では応急処置やタッグの未記入部分を記入しましょう。

> **Point 52**
> 二次トリアージ終了後、色分けされた場所に搬送します。

> **Point 53**
> 応急処置は消防隊と救急隊が分担して行い、氏名・住所等、タッグの未記入部分を書きます。

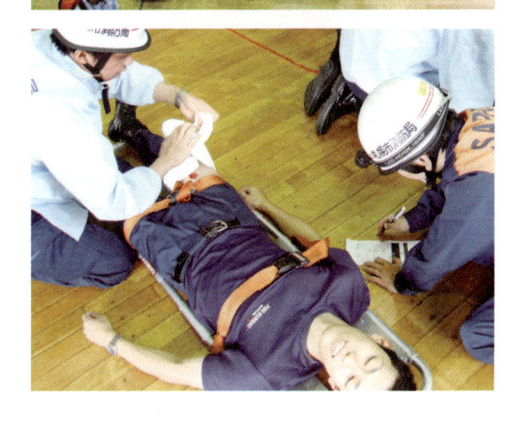

9．搬送トリアージ
　(1) 搬送救急隊へ搬送指示

> **Point 54**
> 赤タッグの中でも、最緊急治療群から病院搬送します。

10．訓練終了

> **Point 55**
> 時間がきたら途中で打ち切ります。

> **Point 56**
> 傷病者数及び赤タッグ・黄タッグ・緑タッグの各人数を確認、タッグの記入内容の確認は訓練終了後、各班で検討させました。

（大島基靖）

X 机上訓練

　トリアージの訓練には、実際に人を動かして行うもののほかに、机上訓練が一つのジャンルとして確立しています。ここでは、世界的に最も使われているエマルゴ・トレーニング　システムを紹介します。

1　エマルゴ・トレーニング　システム

　エマルゴ・トレーニング　システム（Emergo Train System®。以下「エマルゴ」）*は、「災害医療において最も重要なことは、限られた時間内に的確な判断（意思決定）を行い、限られた人物・物的資源を最大限に有効利用することにある」との考えをもとに開発された、スウェーデン生まれの災害教育用の机上シミュレーションキットです。現在、WHOやアメリカ空軍などが災害訓練用に採用しています。

　実際にエマルゴを使用したシミュレーションを行うためには、細かなルール（実際的な運用方法）の設定と、シミュレーション全体の流れを調整するインストラクターによる進行が必要となり、いきなり効果的なシミュレーションを行うことは難しいのですが、実働訓練と比較すると、はるかに簡便で、時間と空間を体感できる点で実践的なものです。

　ここでは、中田康城先生（大阪府市立堺病院）の指導により開催（2007年12月17日）された「宮崎エマルゴ講習会（救急ネットワーク宮崎第17回定期研修会）」と、堀内義仁先生（国立病院機構災害医療センター）の指導により開催（2009年3月15日）された「鹿児島エマルゴ講習会」で実際行われたシミュレーションを例として挙げ、エマルゴシミュレーションについてのイメージを、より具体的なものとして感じていただければと思います。

＊エマルゴはKatastrofmedicinskt centrumi（KMC）（英語名Centre for Teaching and Research in Disaster Medicine & Traumatology）によって開発・製造されています。

2　エマルゴのメリット

　最大のメリットは、トリアージ（もしくは災害医療）の全体の流れを把握できることだと私は思います。参加者は1回目の想定で救急隊員であっても、次に行うときは医師になれますし、看護師にもなれます。スペースも資器材もそれほど必要なく、しかも一つの事例に対して立場を替えて見ることができます。自分の職域を越えた理解が得られれば、相手の都合も考えてもっと良い行動がとれるようになります。

また、様々な調整も不要です。実際の訓練をするとなると、参加車両やテントの調整、訓練機関の人数の調整、場所の確保調整、訓練参加機関との綿密な調整、住民への広報など、やることがかなりあります。しかし、ちょっとした机上訓練であれば、訓練人形（エマルゴキット）だけで実施することができ、時間も有効に使えます。

　一種のゲーム感覚で行うことができますし、シナリオは、フィクションからノンフィクションまで多種多様なものを作成でき、しかも、負傷者数もシナリオ設定に合わせて増減することができるのです。

例：　2010年4月1日午後1時のすべての情報を収集し、実際にこの時、大規模災害が発生したらどのようになっていたかをシミュレーションすることができます。当時の消防の動き（訓練指導や査察等の日常業務による人員配置、救急・火災等の出場状況、気象条件など）や、病院の動き（医師やスタッフの人員、手術室状況、集中治療室状況、緊急治療室状況）、道路の混雑など、細かい条件を付することにより、かなり現実味をおびた訓練になるのは間違いないでしょう。

3　エマルゴキット

　訓練ではエマルゴ時間（仮想の時間軸）に沿って展開をしていきます。

図5-5　演習で使用される傷病者標識

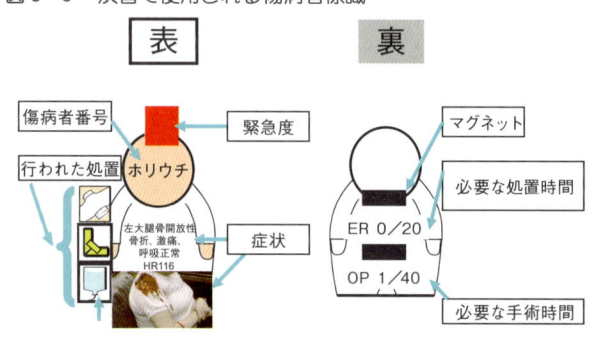

図5-6　演習で使用される現場スタッフ標識

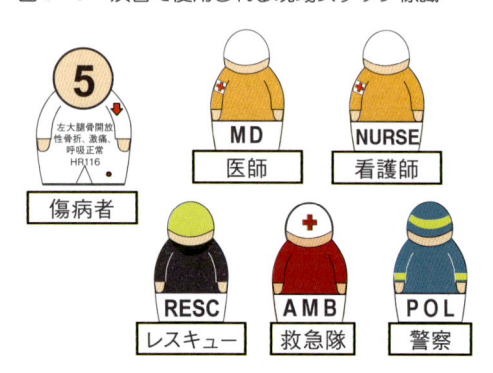

　マグネット付き絵札（人形・標識）*を、シナリオ（想定）に従って"災害現場"とみなしたホワイトボードの上に並べ、傷病者を表す絵札を別のホワイトボードに動かすことによって行います。

　場面や部署を表すボードとして、災害現場、病院、救護所、搬送待機所、現場指揮本部、消防本部・指令センター、災害対策本部（市・県）などを設定すれば、災害医療に携わるすべての職種・機関・関係者を交えての演習が可能です。傷病者受入れの可否、搬送手段の選択、医療資源の要求など、人的・物的資源のやりとりを決定するためには、各ボード間での情報交換を行わなければなりません。この情報交換の手段として、PHS（携帯電話）やトランシーバーあるいは口頭を用います。

　マグネット付きの絵札には、傷病者（図5

図5-7　演習で使用される医師標識

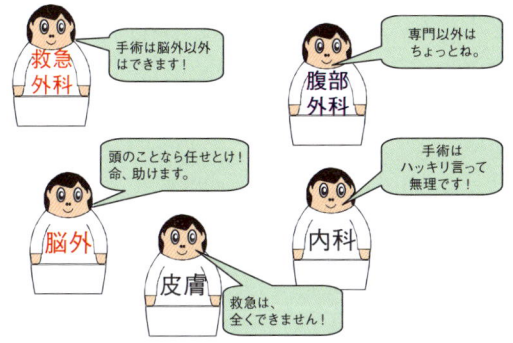

図5-8　演習で使用される看護師・事務標識

図5-9　演習で使用されるリソース標識

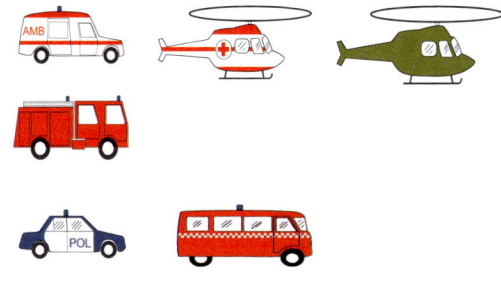

図5-10　演習で使用される処置標識

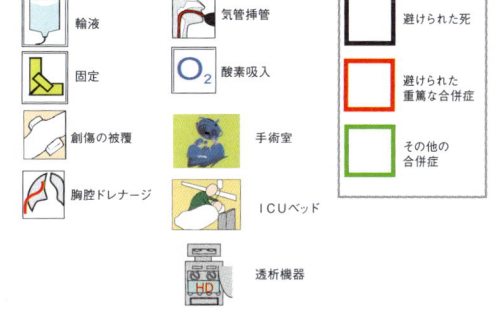

-5)、現場スタッフ（図5-6）、医師（各科のスタッフ・レジデント。図5-7）、看護師（救急対応可能、手術室、その他。図5-8）、消防職員、レスキュー隊員、救急隊員、警察官、救護所、トリアージポスト、搬送待機所、大小の病院、消防車、救急車、パトカー、通信車両、ヘリコプター、自衛隊の車両（図5-9）などが揃えられており、トリアージ・タッグとともに酸素投与、輸液投与、気管挿管、胸腔ドレナージ、気管切開、副木固定など、治療内容を意味するシールキット（図5-10）もその中に含みます。このシステムは、あらゆる災害・大事故の想定、例えば、航空機事故、列車事故、地震、爆発、大規模自動車事故、タンクローリーの破損による化学物質流出事故などに対応可能です。そして、訓練参加者自身が絵札を動かし、シールを貼ることで災害医療の流れを視覚的に理解できる利点があります。

　傷病者を表す絵札、つまり傷病者人形（各々に傷病者番号が付けられている）には、災害現場でのバイタルサインと外表所見が記入され、かつ傷病者番号から分かる傷病写真も用意されています。「現場・救護所」を担当した訓練参加者は、これらの情報からトリアージと初期治療・応急処置（酸素投与、輸液、気管挿管、胸腔ドレナージ、気管切開、止血・創傷の被覆、シーネ固定など）を考えなければなりません。この応急処置には所要時間が設定されており、その時間が経過しないと搬送はできません。病院搬送後は、傷病者番号から傷病者情報カードが得られ、確定診断、救急室での治療時間、手術の必要性と時間な

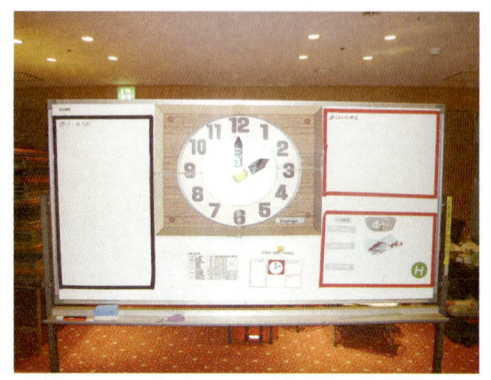

写真5-2　時間ボード（経過時間表示）。

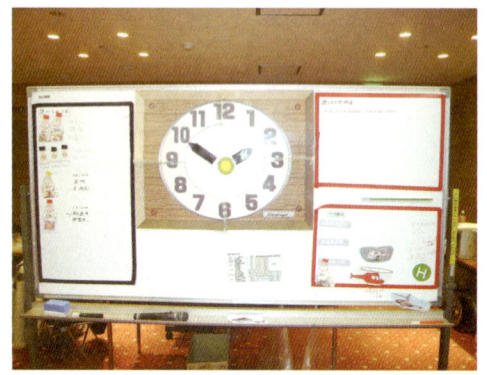

写真5-3　個々の人形に設定してある処置を時間内に行わなければ死亡します（左黒枠内）。

写真5-4　災害モード立ち上げ手順の説明。

写真5-5　地域の実情に合わせた設定をします。

どが示されます。「病院」を担当する訓練参加者はそれを受けて二次トリアージし、救急室治療、手術などの優先順位を考えます。

　この災害現場～搬送～病院（救急室～手術～集中治療室もしくは一般病室）、さらには専門病院への二次搬送などといった災害医療の流れ、「救命・救護の連鎖」は、各部門のスタッフ数・医療資源によって自ずと制限されることとなります。さらに、傷病者ごとに受傷後のある時間までに必要な処置・治療が施されない場合には、「防ぎ得る死 preventable death」や「防ぎ得る合併症 preventable complication」（写真5-2・5-3）が生じる設定になっています。

　また、訓練中や訓練後にマスコミのインタビューへ答えること（もしくは「記者会見を行うこと」）や訓練の様子をビデオ収録したりして、終了後に参加者全員で評価し問題点を考えるといったことも行えます。

　「防ぎ得る死」・「防ぎ得る合併症」の存在は、限られた人的・物的資源を有効利用することができたかどうかの判断に有用です。

　このように、あらゆる想定の災害訓練に対応できるだけでなく、医師・看護師やコメディカル、消防・救急隊、警察などでの災害時救護救援活動に直接携わる職種に加え、関係者の範囲を広げて災害コーディネーター、ボランティア組織、さらには保健所を含む医療行政職員、市町村職員なども参加できる訓練を行うことも可能です。

　実際にエマルゴキットを動かす前に、事故発生からどのように関係機関等に情報伝達がなされるのかということを事前に確認（写真5-4）しながら実施すると、より一層深みのある訓練になるものと思います。

　地域の実情に合った内容にすれば、参加者

の真剣味も違ってくるでしょう（写真5-5）。

＊ここで示すマグネット付き絵札は英語バージョン1のもので、日本語バージョン1のものとは異なります。

4　机上シミュレーション

　ここでは、シミュレーションの一部を紹介したいと思います。あくまでも、このようにしないといけないというものではありません。

(1)　事故設定
　時間、天候、気温、湿度、風向、風速まで設定します。
　これらは、時間帯による道路事情（渋滞等）の変化を考慮したり、現場本部を風上に設置するための必要な情報となり得ます。
　詳細設定をするのであれば、発災時間や経過中での病院の救命センターの動き・ICU・手術数・外来患者数の情報を加味すればよりリアルな訓練となります。
　【負傷者数】
　初めは当然不明です（通報以前に判明しているはずはありません。写真5-6）。
　また、現場指揮本部、消防通信指令室、病院の搬送人員が一致しているかを適宜確かめましょう。

写真5-6　事故前の現場写真。

写真5-7　事故後の現場写真。情報の伝達に合わせて少しずつめくっていきます。

(2)　指令・連絡体制
　すべての情報のやりとりは、内容と時間をホワイトボードに書き込んでいきます。
　発災場所へ先遣隊が到着します。ここで、現場写真を少しずつめくっていきます（写真5-7）。
　・出動区分により指令（写真5-8）
　・救急車出動要請は何台？
　・近隣消防本部への応援要請（協定）？

写真5-8　関係者の動きを書き出します。

写真5-9　関係機関への連絡も書き出します。

写真5-10　病院への傷病者受入れのための情報収集・受入れ要請及び搬送中車両等の把握。

・関係機関等への連絡（**写真5-9**）
・近隣病院への傷病者受入れのための情報収集・受入れ要請（**写真5-10**）

　市医師会、県（DMAT隊派遣要請、消防関係課）・市関係部署、警察署、海上保安庁など、特に他の職種の関係者も訓練に入ってもらうことによって、関係者全員が、どのようにして災害モードが立ち上がっていくのかを確認することができます。

　この辺りまで、それぞれの動きを確認する意味で、部署ごとに区切って行うと良いでしょう。そうすることにより、各機関が文書としてまとめているマニュアルが視覚化されて理解しやすくなります。

　また、病院の初動体制として、

・本部：本部の設置、空床状況・使用状況確認、診療体制決定、スタッフ招集、医療チーム派遣、院内放送

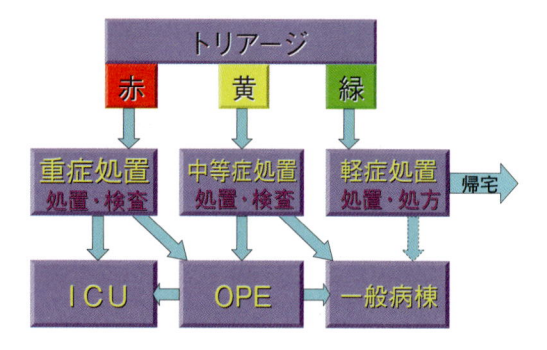

・手術室：本部報告（使用状況）、傷病者受入れ準備、予定手術延期、スタッフ補充

・ICU：本部報告（空床状況）、傷病者受入れ準備、転棟可能傷病者選定（**図5-11**）

・病棟：本部報告（空床状況）、受入れ準備、応援（**図5-12**）

図5-11　傷病者受入れのための流れ図

図5-12　近隣A病院の救急外来の状況

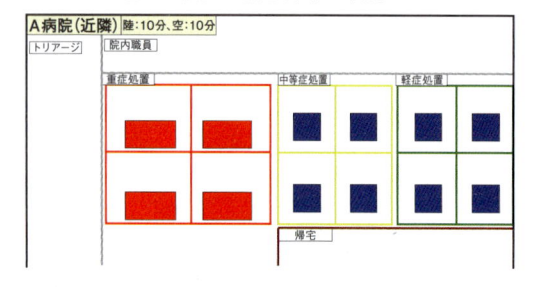

図5-13　近隣A病院のスタッフ・設備状況

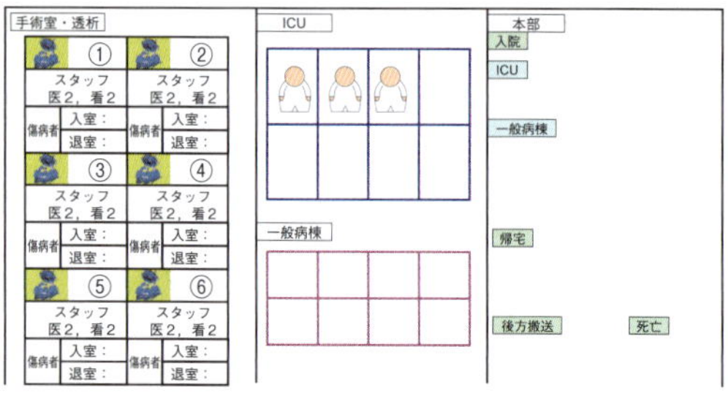

・被災傷病者対応部門：一般外来中止・縮小、スタッフ配置、受入れ準備（図5-13）などが考えられます。

(3) 初動体制・トリアージ（警察及び消防隊・救急隊）

消防隊（指揮隊）・救急隊・救助隊・警察の動きは、各職種の活動に忠実にしてください。

JPTEC等ではどのようにして活動していますか？

現場トリアージは、最初は救命士のみで行います（そのため、救急隊1隊＝救急車1台は動くことができなくなります）。

また、指揮隊が到着するまで現場指揮・連絡・調整を行う人が必要なはずです。

さらに現場での安全を含めた確認・検証を行い、同時進行で一次トリアージを行う必要があります（写真5-11）。

写真5-11　一次トリアージ

派遣医療班（DMATチームもしくは医師会チームなど）が到着し、現場救護所を立ち上げていれば、医師・看護師はそこを担当し、救護所がない場合や医療チームが複数いるような状況であれば、二次トリアージを担当したりします。

実際の現場では以下のことに注意して活動してみましょう。

・CSCA（p161）
・METHANE（p162）

(4) 派遣医療チーム・救護所

ここでは、医療班が到着するまでは救命士が二次トリアージ（応急処置含む。写真5-12）をしなくてはなりません。そして、搬送待機場所までの移動を完了させます（5分と設定します）。

写真5-12　二次トリアージ

応急処置によっては、トリアージ区分が変更になるかもしれません。また、応急処置にはそれぞれに必要な時間が設定してあります。

必要な医療資器材が足りなくなるかもしれません。その時は、補充をするために本部等に連絡を入れてみましょう。ただし、"足らん足らんは工夫が足らん"と考える必要もあります。大規模災害時には、今ある医療資器材だけで傷病者への処置を行う必要もあるということも忘れてはなりません（処置優先順位の決定）。

前述のCSCAに引き続いて災害現場で必要となることは、3T（p167）です。

(5) 現場指揮本部

現場の総合調整を行います（コーディネーターです）。

通信指令室、搬送待機場所（搬送班）との連絡を頻繁に行い、傷病者の受入れ状況を含め、あらゆる情報を確認します（集団救急事故出動報告書の作成）。

広報担当（マスコミ対応）が、報道機関に対して、速報、中間、まとめ等、段階的に発表するという方法をとることもできます。誰が記者会見を行うべきか検討してみてください。

(6) 搬送待機場所（搬送班・現地指揮隊）

搬送班は救急隊の集まりです。また、上級消防職員が到着した場合には、応急救護所の活動も統括する現地指揮隊として機能を有することになります。

病院選定は、普段の救急事例では各救急隊が独自に行っているかもしれませんが、この演習は災害事例（集団救急事故対策）であり、指揮隊でもある搬送班担当の方がまとめて行うこととします。

通信指令室には傷病者情報を伝えます（傷病者情報はトリアージ区分だけでは当然不十分です。年齢・性別・名前・トリアージ区分・判断される病態等が必須）。この部署では、

図5-14 搬送表

- 必要に応じてヘリコプターによる遠隔搬送についても通信指令室と相談する。
- 搬送待機となった傷病者人形・救急車を適宜、搬送ボードにはり付ける。
- 通信指令室が決定した受入れ病院には、連絡をして搬送を確認する（図5-14）。
- 搬送先病院名をボードに記入する。

等を行います。

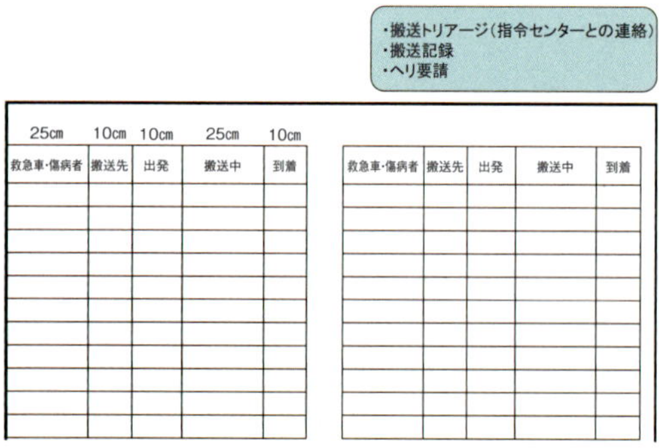

救急車の運用については、現地出発可能となったら、搬送状況を示すボードにその時刻を記入します。同時に病院到着予定時刻と現地再帰着予定時刻を記入します（事前に各病院までの搬送時間や、病院での滞在時間は10分などと既定します）。病院到着時刻になったら、搬送者が傷病者情報を申し送り、病院ボードに傷病者人形を病院の担当者に預けます。現地への再帰着予定時刻となったら、搬送ボードでの空欄に救急車を移動させます（この部分は幾つかの別の方法が考えられますので、事前にどのように運用するのかを決めておく必要があります）。1台で搬送できる重傷度別の傷病者人数を、赤タッグの傷病者であれば1人のみ、黄タッグなら2人可能などの設定も現実的に行っておく必要があります。

ヘリ搬送の場合は、現場から臨時ヘリ発着場までの移動5分・傷病者の乗り換え・申し送り時間を含み片道5分などと既定します。この場合は、ヘリ搬送用の表を作るので同じように記入し、傷病者人形を移動させます。

病院間転送に関しては、紹介病院で申し送りをしている救急車を利用しても良いことと

します。ただし、救急隊は通信指令室に連絡をする必要があります。市内病院への搬送時間は陸路すべて10分、近隣他市の病院への陸路搬送は30分などと既定します。ヘリを利用する場合は、各病院からヘリ発着場までの搬送時間も設定します。

搬送時間にあっては、それぞれに考えられる時間を想定してください（ただし、5分もしくは10分単位で設定します）。

(7) 救急車

1台で、赤1人or黄2人or緑3人or黄1人＋緑2人などの傷病者を、搬送できるものとします。

初動部隊として、発災から10分後に最初の救急隊が到着するものとします。

その後、各署・所や応援要請により設定された時間経過と共に、救急車が到着するものとします。

病院に傷病者搬送後は、その救急車は現場に戻り、ピストン搬送可能とします。

なお、所属救急隊で1隊のみは、管内救急対応のため活動できないものとします。

(8) ヘリコプター

県消防防災ヘリ（所属消防ヘリ）は依頼後10分で離陸可能とし、15分で事故現場の臨時ヘリポートに到着とします。

ヘリ1機で、赤1人or黄2人の傷病者を搬送できることとします。

自衛隊ヘリ・ドクターヘリは、依頼後10分で離陸可能とし、20分で事故現場の臨時ヘリポートに到着するとします。

臨時ヘリポートは運動競技場とし、1機ずつしか発着できない（2機同時の離発着はできない）ものとします。

現場から臨時ヘリ発着場までの搬送時間は、行き5分、帰り5分、つまり往復10分とします。

搬送病院での申し送り時間は10分とします（図5-15）。

救急車・ヘリコプターの搬送人数・時間は、それぞれの実情に合わせた時間設定をしてください。

図5-15 航空搬送ボード

(9) 通信指令室

現地の搬送待機所（搬送班・現地指揮所）及び各病院との連絡を頻回に行い、各傷病者の受入れ病院を選定します（写真5-13）。救

写真5-13 受入れ病院の選定。

図5-16 通信指令室での傷病者記録

写真5-14 傷病者ボード。ここに情報を書きます。

写真5-15 搬送待機場所。

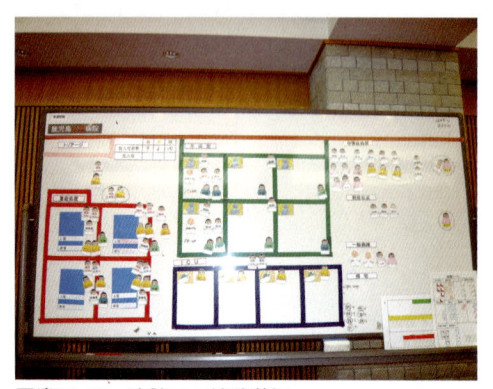

写真5-16 病院での治療状況。

急医療の現状で違いますが、赤・黄の傷病者は二次・三次病院の救急外来に搬送し、緑は救命センター以外に運ぶのが基本と考えてください。

具体的には以下のことを行います。

・各病院に傷病者情報を伝え、傷病者の状態、搬送時間を考慮して、受入れ要請を行います。
・受入れ可能であれば搬送手段を考えます（必要に応じて、ヘリコプター搬送）。
・受入れ病院決定後は、直ちに搬送待機場所（搬送班）に連絡します。
・傷病者情報を記録し、正しい情報を把握します（どのような傷病者がどの病院に搬送されたか？　記録した傷病者数は他の関係機関等と合っているか？　など）（図5-16）。
・病院からの転院・転送依頼に関しても、搬送待機場所（搬送班）との情報を交換しつつ、搬送手段を考えます（写真5-14）。

⑽　病院設定

搬送待機場所（搬送班・現地指揮所）、通信指令室から得た傷病者情報により、受入れの可否を決めます（写真5-15）。

各病院の受入れ可能な傷病者数・病態（重症度など）は、時間とともに変わることになるので、その情報も消防（通信指令室）に伝える必要があります。

救急外来に入った（処置開始）もしくは手術室に入った（手術開始）傷病者は、処置及び手術想定時間を過ぎないとそこから出せません（その時間内は他の傷病者には使えません）（写真5-16）。

転送したい場合には、病院間で連絡しあい転院決定後、病院所有車を利用もしくは通信

指令室に搬送手段を要請します（救急車・ヘリコプター）。

5 最後に

　実践がそうであるように、エマルゴにおいては、人にも物にも時間にも制限があり、あらゆる状況で時間軸が最優先となります。時間は進むことはあっても戻ることはありません。ですから、すべての場所・部署で、その時点、時点での優先順位を考え続けていく必要があります。

　是非機会を見付けて、あるいは機会を作って実際にエマルゴを体験してみることをお薦めします。

（田島和広）

文献
1) 中田康城：エマルゴ救急医学　2007；30：1535-1541
2) 中田康城：災害医療教育　エマルゴ・トレーニング　システム救急医療ジャーナル2007；15：78-83
3) 中田康城：宮崎エマルゴ講習会受講生資料
4) 堀内義仁：災害医療教育　エマルゴ・トレーニング　システム救急医療ジャーナル2004；67：50-52
5) 堀内義仁：鹿児島エマルゴ講習会受講生・スタッフ資料
6) 本村友一：佐賀県災害医療者研修会講義資料
7) 小栗顕二・他：MIMMS大事故災害への医療対応　現場活動と医療支援　イギリス発　世界標準　第2版、永井書店、東京、2005

第6章
事例から学ぶトリアージの実際

Ⅰ 2人トリアージ

　トリアージとは、何も大規模災害の時に負傷者が多数発生した場合だけに行うものではありません。限られた医療資源や救急搬送能力の中で、1人でも多くの負傷者に最善の治療を受けるために、緊急度・重症度を判定し、搬送順番を決めるのがトリアージです。合わせて負傷者の状況に合った医療機関の選定を行い、搬送をしなければなりません。

　私の勤務している地域の病院数や医師数、看護師数やベット数等の医療資源は、都市部と比べると大変小規模です。三次医療機関はなく、医師数の減少から二次救急病院の返上もあり、重症患者を受け入れる数は少ないのが現状です。

1　事例1：赤タッグと黄タッグ

事故形態：自動車同士の追突事故（写真6-1）
負傷者：2人
負傷者1：車両1運転者　シートベルト無　男性　50代　GCS E1V2M4　呼吸24回　脈拍：橈骨動脈弱く触れる　受傷部位　頭部陥没（脳挫傷疑い）　胸部外傷　四肢骨折疑い
負傷者2：車両2運転者　シートベルト有　男性　40代　GCS　E4V5M6　呼吸18回　橈骨動脈充実
　　　　　受傷部位　右大腿骨骨折疑い及び足首骨折疑い　顔面挫傷出血少

写真6-1　自動車同士の追突事故。

　負傷者1が重症度・緊急度が上なので優先的に搬送となります。この負傷者は多発外傷なので三次救命センター対応となりますが、私の地域では総合病院への搬送となります。負傷者2の方は、負傷者1の方を総合病院搬送としたので、後着救急隊に外科病院への搬送を指示しました。

　この事例はトリアージの基本に沿った活動ですが、病院選定は地元の**医療機関の収容能**

力を考え、1人を外科病院搬送としました。以前にこの総合病院の受け入れ担当の管理当直（看護師）の方から、「いっぺんに事故の患者さんをうちだけに搬送しないで、他の病院にも分散してください」との指摘を受けました。これは「今のところは受け入れ能力を上回っていないが、この後また事故があると受け入れできなくなるので、地域の医療機関の中で負傷者を分散してください」ということです。

2　事例2：妊娠初期

事故形態：自動車の単独路外逸脱事故（写真6-2）
負傷者：2人
負傷者1：運転者　シートベルト有　男性　30代
　　　　　GCS　E4V4M6
　　　　　呼吸18回　脈拍：橈骨動脈90回
　　　　　受傷部位　右前腕骨折疑い　右下腿骨骨折疑い
負傷者2：後部座席シートベルト有　女性（妊娠2か月）　GCS　E4V5M6
　　　　　呼吸16回　橈骨動脈70回
　　　　　受傷部位　特になし

写真6-2　自動車の単独路外逸脱事故。

　外傷の程度では負傷者1の方が重篤ですが、負傷者2は妊娠初期で、事故により流産を誘発する可能性があるため、緊急度が負傷者1より高いと判断し、負傷者2からの搬送としました。
　妊婦や乳幼児の事故で基本から外れたトリアージをした場合、のちに問題となる可能性もあります。このトリアージを正当化するために、地元のMC（メディカルコントロール協議会）や地元医療機関と、あらかじめプロトコールの作成が必要と考えます。妊婦のトリアージについてはp5も参考にしてください。

3　事例3：黒タッグの扱い

事故形態：自動車の単独事故（電柱衝突）（写真6-3）
負傷者：2人
負傷者1：運転者　女性　40代　JCS300　心肺停止

写真6-3　電柱衝突事故。

　　　　　　　　　　　　　　受傷部位　頭部外傷
　　　　　　　　　　　　　　　　　　　胸部外傷
　　　　　　　　　　　　負傷者2：助手席　女性　50代
　　　　　　　　　　　　　　　JCS1　呼吸正常
　　　　　　　　　　　　　　　脈拍：橈骨動脈90回
　　　　　　　　　　　　　　　受傷部位　肋骨骨折
　　　　　　　　　　　　　　　　　　　左下腿骨骨折疑い

　この事故の時には、負傷者2の搬送が優先されます。しかし、この時には搬送する救急車が現場に2台ありましたので、それぞれの救急車で負傷者1・2を搬送しました。ただし、負傷者2を総合病院に搬送し、負傷者1は外科病院に搬送としました。このように負傷者数が搬送力内にある場合は、トリアージ上の黒の負傷者であっても、一番後に回す必要はありません。ですが、搬送病院は救命の可能性がある負傷者2を高度の医療を受けられる病院に搬送しています。

　地域によっては、救急隊員は死亡の判定はできないとの理由により、黒タッグを負傷者に付けられない地域もあります。また、負傷者の近親者が近くにいる場合などは、黒タッグとすることは近親者の心情を察すると大変な勇気が必要です。負傷者が数人の災害規模では、消防力、医療機関の収容力の範囲内で緊急治療群の赤タッグの処置ができる場合も多くあるでしょうし、消防、医療機関ともに柔軟な対応をすることにより、処理できるよう努力すべきと考えます。

　黒タッグの扱いについても、救急隊員の活動の正当性の裏付けと、医療機関の負傷者搬送時の混乱防止のため、地域MC並びに搬送医療機関と協議が必要と考えます。

　　　　　　　　　　　　　　　　　　　　　　　　　　　　　（佐竹信敏）

II 交通事故

1 情報収集が現場活動のカギ

消防の活動で重要なのは、**初期の情報収集**です。現場での活動がスムーズに行えるかどうかは、情報収集にかかっています。消防力を上回る災害なのに情報収集を怠り、適切な部隊を投入しなかった場合、応援を要請しても到着までの時間で災害が拡大し、さらなる部隊の投入が必要となるからです。

2 通報からキーワードを探す

都市部消防本部では、救急需要に適切に対応するために、通報段階で救急車が必要かどうかのトリアージ要綱を定め、救急車の出動を調整しています。

事故形態と負傷者数が確実に通報されれば、その災害規模にあった部隊を投入すればいいのです。しかし、災害の通報は時として曖昧で間違っています。そこで災害の大きさを推測するにあたって、通報内容から大規模災害や重症者に関するキーワードを探します。

(1) 「観光バスと乗用車の衝突で乗用車はぺちゃんこです」(写真6-4)

観光バスには多くの人が乗車している可能性があり、乗用車が大破していることから事故のエネルギーが大きく、重症者や負傷者が多数発生している可能性があります。

写真6-4 路肩に飛ばされ大破した車。

(2)「踏み切りで列車と乗用車の事故で負傷者がいます」

「列車は脱線していませんが、乗用車は大破しています」（写真6-5）

列車と乗用車の事故なので、多数の負傷者が出る可能性があります。列車は脱線していないので、軽症者は多いかもしれませんが、重傷者は少ない可能性が高いでしょう。乗用車は大破しているので、重症者は出ていると思われます。

写真6-5　踏切事故。

(3)「小学校の遠足の列に乗用車が突っ込み負傷者がいます」（写真6-6）

遠足だと学校登校の4、5人の集団ではなく、学級単位の移動なので、巻き込まれた児童の数が多くなる可能性があります。乗用車のスピードにもよりますが、多くの負傷者が出ると思われます。

写真6-6　前が大破した軽乗用車。

3　先着隊の役割

　通報段階で負傷者がたくさん出ていたり重傷者が多ければ、最先着した救急隊はトリアージを開始しなければなりません。また、早期に応急救護所もしくはトリアージポストの開設も必要となります。

　救出時間が長時間になる時には、医師・看護師の現場出動を要請しなければなりません。トリアージが必要になる災害では、早期に医療機関に災害規模と負傷者数等を連絡し、搬入準備を整えてもらう必要があります。

4　交通事故現場でのトリアージの難しさ

　交通事故現場でトリアージを行う際には、トリアージの原則が適応できない場合があります。これは、事故現場においては救出が必ずしも重症者から行えるとは限らず、一番の重症者の救出に１時間以上を要する場合もあるからです。

　また、活動スペースが限られ十分な観察ができない場合もあります。重大な胸部損傷や腹部損傷を見逃さないよう、トリアージを行わなければなりません。搬送開始までに時間がかかる場合は**頻回に観察**をし、赤タッグ以外の者も再評価を行い、症状が悪くなっていないかを確認する必要があります。

　また、交通事故は雨などの天気の悪い時に起こりますし、北海道だと冬季間の気温がマイナスの時期にも多く発生します（写真６-７）。このような悪条件の場合は現場の全体を早期に把握し、重症者から早期に救急車に収容することが大切です。体温の低下は、症状を悪化させます。軽症者が多く救急搬送に時間を要する場合は、バスでの一括搬送やトリアージポストとしての活用が有効です。

写真６-７　真冬の交通事故。寒さで傷病者の状態は悪化します。

5　救出では重症度とは異なるトリアージがある

　救助隊の救出が必要な閉じ込め事案や挟まれ事案の場合は、救助隊との連携を密に図り、**トリアージの概念を共有**し活動を円滑に進めなければなりません（写真６-８）。

　例えば、車２台の正面衝突で、それぞれのＡ車両Ｂ車両に重症者が１人ずついる場合で、Ａ車両の方が緊急度が高い場合、通常はＡ車両から救出を行います。しかし、救助隊の判断ではＡ車両の救出には30分以上の時間が予想され、Ｂ車両は救助器具でドアを開放すればすぐに救出できる場合、重症度には反しますがＢ車両から先に救出することとなり

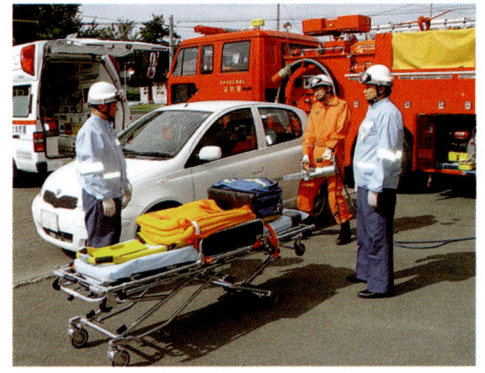

写真６-８　救急隊と救助隊の合同訓練。

ます。

6　病院には的確な情報を

トリアージ活動を行う際には、医療機関に事故形態や負傷者数等の連絡を密に行う必要があります。医療機関では、消防からの情報により、スタッフの参集、空きベッドの確保や手術室の準備等を行い、搬入に備えるからです。事故形態が交通事故で重症者であれば、胸部外科、脳外科、整形外科等の準備が必要となります。

大学病院併設の三次医療機関であれば、スタッフの参集もある程度できますが、私の住む医療圏では三次医療機関もなく総合病院も少ない地域で、スタッフの確保も容易ではありません。特に夜間は、当直の医師・看護師・技師・事務員等が必要最小限しかいないのが現状です。このような地域では、災害情報を的確に伝えることで無駄のない準備が可能になります。情報が不足すると重症患者の処置ができず、貴重な救急車が転院搬送に使われる事態となってしまいます。

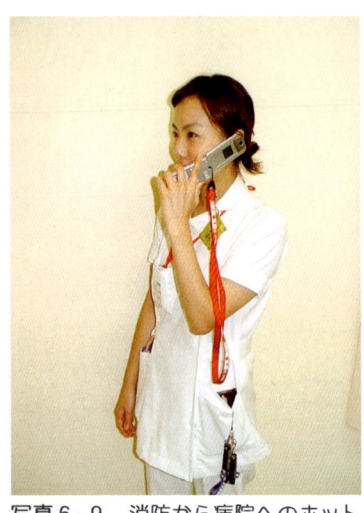

写真6-9　消防から病院へのホットライン。

私の勤務する地域では、病院連絡や受け入れ要請は救急隊から直接管理当直の看護師に連絡しています（写真6-9）。これは、人を介することによる情報の誤伝達や時間のロスをなくすためです。また、救急隊は直接医師の持っているホットラインに連絡を入れて、医療的助言や特定行為の指示を得ています。

（佐竹信敏）

Ⅲ 道央自動車道多重衝突事故

写真6-10　折り重なる大量の車。

1　事例概要

　猛吹雪で全く前の見えない高速道路上で、大型バス2台・トラック3台・乗用車等37台の合計42台が玉突き等により、死者3人・重軽傷者67人が発生した多重衝突事故です。

2　現場活動

（1）覚知から現着まで

　事故は道央自動車道下りで2003年2月12日（水）10時15分頃に発生しました。発災当日は最大瞬間風速13.2m。激しい地吹雪のため、日本道路公団（現NEXCO東日本）が通行禁止処置を発令する直前の事故でした。

第1報は当市に隣接する消防に携帯電話で入りました。発生場所は隣の市である深川市でしたが、旭川方面下り線であったことから、応援協定に基づき当消防組合に出動要請が入りました。通報内容では車両2、3台の衝突事故、負傷者1人、車両に挟まれていないとの情報から救急車1台で対応可能と思われたため、当時の出動計画に基づき隊長、機関員とともに、私は隊員として出動しました。

　激しい地吹雪の中インターチェンジから高速道路に進入し、現場に到着する直前に地吹雪もおさまり視界が開けました。

　現場に到着して通報内容との違いに驚きました。

　大型バスにトラック、乗用車が折り重なるように片車線の幅員いっぱいにふさいでいて、救急車の通り抜けができません（**写真6-10**）。離れて見る限り、人も通る隙間もないくらいに思えました（**写真6-11**）。第1報から我々が現場到着するまでに17分が経過しており、その間に事故現場が拡大していたものですが、現着までの間に追加情報は入っていませんでした。折り重なった事故車両の中央分離帯側の間隙に、数十人の人々が集まっているのが見て取れました。

写真6-11　現場の真ん中に立つと道のふさがり具合が分かります。

　実際には南北に3か所の玉突き多重衝突事故が発生していたのです。

(2) 状況把握

　救急車を降りると、すぐに事故現場から数人が駆け寄ってきましたが、状況を聴取する間も制止する間もなく、救急車に乗り込んできました。負傷者4人とその家族でした。やむを得ずそのまま家族から事故現場における重傷者の位置を聴取したところ、バスの運転手が挟まれているとのことで、私と機関員はバスに向かい、隊長は状況連絡・増援・隣接消防への応援要請を本部へ連絡しました。

(3) バスに進入

　機関員は中央分離帯側、私は西側バスの左側へ事故車両を乗り越えてバスに接近（路側帯は積雪で通り抜け不能状況）、バス乗降口から進入を試みましたが破損により開閉不能のため、持参のポンチで窓ガラスを破壊、フレームをつかんでドアを開放し、内部に進入しました（**写真6-12**）。

　運転手がハンドルと椅子に挟まれていました。簡易な観察により意識クリア、頸部及び腰部の痛み、呼吸浅速、ショック状態を認めました。

1人では救出不能な状態であったため、会話しつつ持参のネックカラーを装着、救助隊の到着を待つこととしました。

乗客の大部分は後部非常口から車外へ避難済みとのことで、数人が後部に残って荷物の搬出を行っており、尋ねると「大丈夫だ！ バス前部の状況がひどい」との聴取結果であったので、負傷なしと判断し、バスから離れました。

写真6-12　バスの前面は押しつぶされています。

(4)　トリアージ

いったん救急車まで戻り機関員と合流し、機関員の状況説明を聞き、必要な用具等を準備開始。隊長に状況報告したあと、私は隊長バッグとトリアージ・タッグ十数枚を持ち、進入経路を確認、再度現場へ向かいました。

前述のバスを越えて事故現場の中心へ進入すると、車両の陰など、そこここに滞在している負傷者、関係者が迫ってきて、「こっちにケガ人がいるぞ」という複数の訴えに抗いきれず引っ張っていかれ、機関員とは分断されてしまいました。

(5)　CPR

「車の下に人が入り込んでいる。何やってるんだ、早く救え！」という興奮した雰囲気に押され、その現場へ向かったところ（**写真6-13**）、事故車両の下に要救助者を発見し、腕を持って引きずり出したところCPAでした。私はこのような大規模な災害を経験したこともなく、普段の習性からCPRにとりかかった直後、反対上り車線に深川の救助隊が到着し、こちらを見つけ「トリアージは終

写真6-13　事故車両の下に要救助者を発見。

わっているのか！」と聞かれたので、「終わっていない！　赤タッグはバスの運転手である」と答えました。深川救助隊が駆け寄ってきてCPRを引き継いでくれたので、私は事故車両

の山を越えてさらに北方向へ移動し負傷者検索を行うとともに、負傷者への対応等を続けました（図6-1）。

図6-1　筆者の足取り

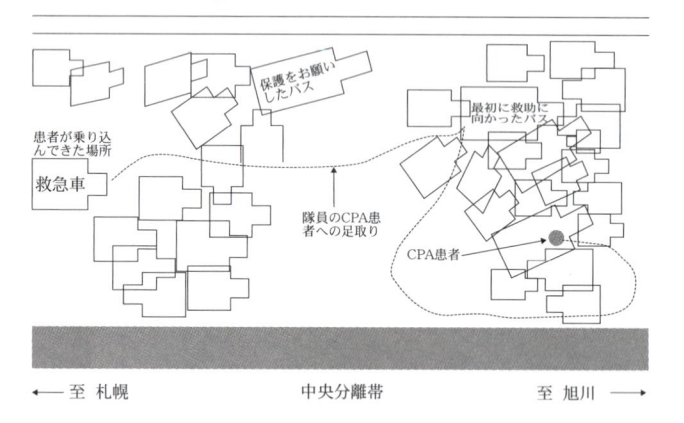

救急隊は患者を搬送するため、いったん私を置いて現場を出発しました。寒さをしのぐ場所もない状況でしたので、事故現場後方に停車していたバスに軽症者数人の保護をお願いしました。

やがて応援の救急隊、消防隊も到着要救助者を順次救出していきました。私も他隊と協力しながら負傷者救護を続けました。

3　活動を振り返って

（1）トリアージ・START方式・シミュレーション訓練は重要

この救急事案は、冬季における高速道路上での多重衝突事故により、多数の負傷者及び救助事案が発生した集団災害でした。私としても、当消防としても未曾有の災害事案であり、めったに経験することのない規模であったと思われます。このような集団災害に対応できるように、トリアージ・START方式・シミュレーション訓練は重要です。

（2）状況から判断し、通報時からマンパワーの拡充を図る

私たちのような小規模消防本部では、多重衝突事故等の災害を覚知して全隊を出動させたとしても、十分な対応ができたとは思えません。

当時は、通報内容から高速道路への救急出動体制として、負傷者数から判断して救急車のみの出動とする体制でしたが、現在は出動隊員の事故防止、安全管理の重要性を考慮して、消防隊、指揮隊との同時出動が積極的になされています。

さらに通信での受信状況、天候、路面状況から、多重衝突の拡大を懸念する意識を常に持ち、早期の増援、非番招集を準備することを推し進めなければなりません。火災・救助いずれにも言えることですが、**出動隊編成のオーバートリアージを許容する意識を浸透**させなければいけません。

（3）最先着隊はまずトリアージ、そして状況把握と情報収集；それ以外は後着隊に任せる

最先着隊の役割としてトリアージ、それから災害現場の状況把握と情報収集が挙げられます。

なかでも**負傷者数の早期把握・二次災害の防止措置**が重要になります。その情報を的確に消防本部・署に伝えることにより、増援、近隣消防への応援要請、日本道路公団（現NEXCO東日本）との連絡が迅速に行われることが小規模消防では重要です。

指揮隊の早期臨場が期待できない組織規模であるがゆえに、最先着救急隊が一時的に指揮隊として機能しなければならないこととなります。

ここで目前の負傷者救護に気を取られ、応急処置に着手してしまうと、すべてが後手に回ってしまうこととなり、この後の現場活動が非常に厳しいものとなります。CPRやトリアージポスト、救護所の設置は後着隊に任せ、**最先着隊はトリアージ・状況把握・情報収集に専念すべき**です。警防隊員すべてを投入しても全く手が足りず、増援等に際し非番・週休職員の招集が必須になるような当所属では、なおさら重要な手順です。

(4) 何より最初に歩ける者を排除する

当時の私たちには、トリアージ・START方式などの知識はありましたが、本事案のような大事故で行えるほどの訓練をしていなかったこと、マンパワーが決定的に不足していたこと、さらに群集心理としての多数の負傷者、事故当事者たちの興奮した雰囲気に呑まれ、心理的に優位に立つことが極めて困難であったこと、冬季の地吹雪にさらされた環境であったことから、活動は非常に困難でした。反省点として、この事案では、まずハンドマイクなどで歩ける負傷者たちを救急車付近に集め現場統制をし、そしてトリアージ及び状況把握を行うという行動が適切だったのではないかと思います。

(5) 圧倒的な自信を示すこと

この事案で、私は訓練と現場の違いを痛感させられました。多数の事故当事者が、車両から降りて地吹雪の中という厳しい環境で救助を待ち続けた中に、1、2人の救急隊員が飛び込んでいくことにより、まずは自分の近くにいる患者の救護を最優先にすることを私たちに求めてきたため、袖を引っ張られながらあちらこちらに引っ張っていかれるままに、当事者たちの行動を強く抑制することもできず、自らの意思でトリアージ作業を開始することができませんでした。若い女性であっても私たちを罵倒しつつ腕を引っ張るなど、大災害時の現場の雰囲気や負傷者たちの状況など、私が想像していた以上のものでした。

このような集団災害では、消防隊・救急隊はどのような活動をするのかという意思を、関係者、負傷者を含めた集団に、**圧倒的な自信**をもって強く示すことが大切であると感じました。

（木村俊文）

Ⅳ JR北海道石北線列車衝突脱線事故

写真6-14 「く」の字に折れているトレーラー。

1　事例概要

　遮断機、警報機付の踏切で、大型トレーラーが踏切内に進入したため、卒業式に出席する高校生で満員の列車と衝突し、51人が重軽傷を負ったものです。

2　現場活動

(1) 覚知から現着まで

　2007年3月1日（木）午前8時18分頃、大型トレーラーの運転手が踏切の手前にさしかかった際に遮断機が下り、慌てて急ブレーキをかけましたが間に合わず踏切内に進入したため、列車が大型トレーラーの車体左側面に衝突し、列車前部の車輪が約3m、後部の車

Ⅳ　JR北海道石北線列車衝突脱線事故　127

輪が約50cmそれぞれ進行方向左側に脱線しました（図6-2）。

　事故現場は美幌駅から北見側へ約1km走った地点で、列車には観光客や通勤客のほか、公立高校の卒業式に出席する高校生とその保護者約70人が乗車していました。

　覚知は8時22分。列車に乗車していた男子高校生から携帯電話で「踏切で汽車と車が衝突し、ケガ人が3、4人いるので救急車お願いします。閉じ込められているかどうかは不明です」との119番通報がありました。その後も次々と、「列車と大型トレーラーが衝突して、負傷者が10人以上いる」との通報が入ってきました。

　消防本部では第一陣として救急隊・消防隊を出動、また隣接する津別消防署救急隊・大空消防署救急隊にも応援を要請しました。

図6-2　現場状況図

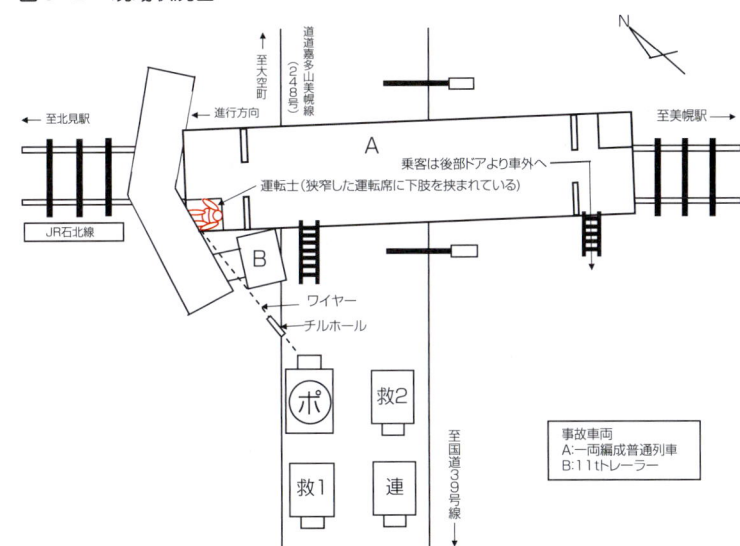

(2)　状況把握

　最先着の美幌消防救急隊は、現場に通じる橋を通過中、列車と大型トレーラーによる衝突事故であるのが確認できたので、車載無線にて列車事故である旨、消防本部に報告しました。また、先に別の救急出場していた救急隊も列車事故を無線傍受し、搬送先医療機関より直ちに現場に出場することになりました。

　覚知から6分後に美幌消防救急隊が現着。列車と大型トレーラー助手席側荷台の側面が衝突しているのを認めました。トレーラーは衝突のショックで「く」の字に折れ曲がり（写真6-14）、運転席キャビン部分は美幌市街方向に向け、付近に丸太が散乱していました（写真6-15）。また、列車の運転席部分も大破し、窓ガラスが割れて周囲に散乱しており（写真6-

写真6-15　丸太と荷台で列車が隠れています。

16)、列車前部と後部の車輪が、それぞれ進行方向左側に脱線した状態で停車していました。

最先着救急隊は乗客出入り口より進入を試みましたが、ドアが変形し開放できないため、割れた列車後方窓より客室内に進入しました（写真6-17）。車内は手荷物などが散乱し、泣き声や悲鳴等が交錯して騒然としていました。頭部等から出血している負傷者が多数おり、横たわっている人も多数いました。

（3）トリアージ

1両の列車に50人以上乗車しており、皆パニックに陥っています。車両内進入した後方部から人をかき分けつつ、順にトリアージを実施しました。救急隊はけが人の状況を把握するため、乗客に声をかけ進んでいきます。立っている人は比較的軽症の人が多く、床に座っている人を優先して観察しました。

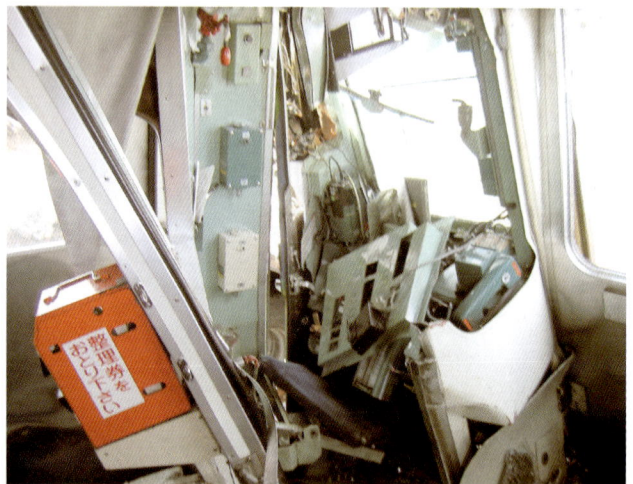

写真6-16　客室側にのめり込む運転室。

写真6-17　窓を壊してはしごをかけ進入。

（4）運転手を発見

美幌消防救急隊2隊6人で、乗客の負傷状態をおおまかに確認しながら先頭まで進むと、列車の運転士が座席に座ったままの状態で、圧縮破損された運転席の操作パネルに両下肢が挟まれて、全く動けない状態でいた（写真6-18）ので、救急救命士により頸椎カラーの着装及び酸素投与等の処置を行いました。全員の情報を総合し、この時点

写真6-18　運転席後方窓からの写真。操作パネルの下に足首を挟まれていました。

IV　JR北海道石北線列車衝突脱線事故

で挟まれているのは運転手1人であることを確認しました。

(5) 二次トリアージ

現場から町営バス出動の手配、医師の出場依頼、JRへの報告を行いました。さらに本部に対しては、町内数か所の病（医）院に被害状況、負傷者の受け入れ可能人数等の確認を依頼しました。

現着から9分後、増援消防隊が現着。客室に通じるドアの開放に成功したことから、傷病者を車外へ誘導搬出し、要救助者の救助及び負傷者の治療や救急搬送の優先順を決める二次トリアージ等の救助活動を実施しました。現着から18分後、美幌町立国保病院より医師と看護師が駆け付け、負傷者の手当て、搬送トリアージ等を行い、これにより救急隊が搬送する負傷者の特定が容易になりました。重傷者2人（運転士除く）、中等症者4人は搬送トリアージ順に救急車に収容して、医療機関に搬送を行いました。

自力歩行可能な負傷者33人については、優先して車両内より誘導・救出し（写真6-19）、1か所に集合させてから町営バスに収容して、職員3人を同乗させ医療機関に搬送しました。

運転士の救助活動は困難を極めました。救急救命士が運転士の背後から観察、頚椎固定、酸

写真6-19　後方ドアを開放して高校生を車外に出します。

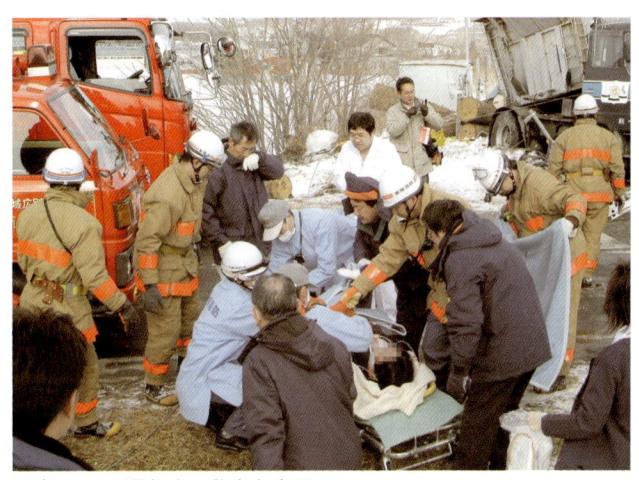

写真6-20　運転士の救出を完了。

素投与及び保温等の応急処置に努め、現着から1時間18分後救出に成功、すぐ病院へ搬送していました（写真6-20）。

3　活動を振り返って

(1) 準備のないものは出てこない

列車内で救急救命士によりトリアージを開始しましたが、手持ちのトリアージ・タッグ

が20枚程度であり、負傷者が多数いるため、すべての負傷者にタッグを付けることができませんでした。また、美幌町役場内には災害対策本部が設置されたものの、消防としての現地災害対策本部は設置せずに終わりました。

　常日ごろの訓練・研修等が最も重要であることが再認識させられ、集団災害時における救助・救急活動の今後に大きな教訓を残しました。

(2) マスコミへの対応

1) 対応は消防本部か現場の人間か

　大きな事故であれば、すぐマスコミがやってきます。しかし、現場で傷病者を前にしている消防職員たちはマスコミへの対応はおろか、報道機関の人がいることにすら気付いていませんでした。また、今回のように列車の中で救急・救助では、外のことの把握はなおのこと無理だったと思われます。

　本来は報道対応は消防本部がすることになっていますが、混乱する現場ではどうしても時間がかかります。傷病者の安否を気遣って、ずっとテレビを見ている人も多いはずですので、テレビには署の救急救命士が対応したりしていました。マスコミ対応は考えなければと思います。

2) プライバシーの保護も訓練が必要

　個人情報保護もあるのかと思いますが、最近はテレビでも消防隊や警察官が毛布やシートを張り、ひどいときには事故車内まで覆い隠しているのも見ます。この事故の時は、運転手は一番最後に救出されていますので、後から考えればシートでも張ったほうがよかったのでしょうが、その準備や対応に気付く人はいなかったように思います。消防以外にも警察や町の職員も数はそれなりにいましたが、これもシミュレーションを行わない限り気付くものではありません。

(3) 迅速な協力体制構築が活動成功の鍵

　所属で経験していた過去最大の事故は7～8人程度で、これとは比較にならないこの集団災害では、消防、役場、病院、JR、警察等、あらゆる関係機関からの支援の中での消防活動となりました。最先着の美幌救急隊によるトリアージ、その後、町営バス、増援された美幌救急隊・消防隊、津別救急隊、隣接の網走地区消防組合の大空救急隊も到着し、トリアージされた負傷者を次々に医療機関に搬送しました。また、美幌町立国保病院より駆け付けてくれた医師と看護師は、トリアージや応急処置等を行うなど、救急隊が搬送する負傷者の特定を容易にしてくれました。一方、二次災害防止のため、JRに後続の列車や対向車線の列車停止処置をするとともに、町内数か所の病（医）院に被害状況、負傷者の受け入れ可能人数等の確認指示を行ったことや、現場における医師と救急隊との連携活動により、負傷者を早期に搬送できたことは一定の評価を受け、貴重な体験となりました。

〔池野本　聖〕

Ⅴ JR羽越本線列車事故

写真6-21　堆肥小屋に突っ込んでいる6号車。

1　事例概要

　2005年12月25日（日）19時14分、暴風雪波浪警報発令中のさなか、鉄橋を通過後に前3両が脱線して転覆、先頭車両が堆肥舎に激突し、死者5人、傷病者32人を出した事故です。

2　現場活動

(1)　覚知から現着まで

　事故発生から約6分後、乗客の携帯電話で酒田地区広域行政組合に119番通報がありました。「いなほ14号に乗っています○○と言いますが、秋田発新潟行きいなほ14号特急電車が途中で脱線しました。酒田を過ぎた辺りで脱線し、今ケガ人が数人います。列車は酒

田から新潟方面へ向かっていました。余目の手前だと思います」

当時の気象は雪、気温6.0℃、西北西の風平均12m/sでしたが、最大風速は25m/sを記録していました。

JRから事故発生の連絡は入電していないため、通信指令課でJR酒田駅に事故発生を連絡、列車運行停止も確認しました。組合では直ちに指揮隊、救助隊、救急隊、消防隊を出動させました。JR福知山線脱線事故が脳裏をよぎった現地指揮本部長(消防長)は、さらに山形県消防広域相互応援協定に基づき、県内消防本部に出動要請をしました。組合管内の救急告示5病院中、事故現場に近い4病院にも「列車事故が発生し、相当のケガ人を搬送する」ことを通報し、傷病者の受け入れを要請しました。

図6-3 脱線事故の概要図

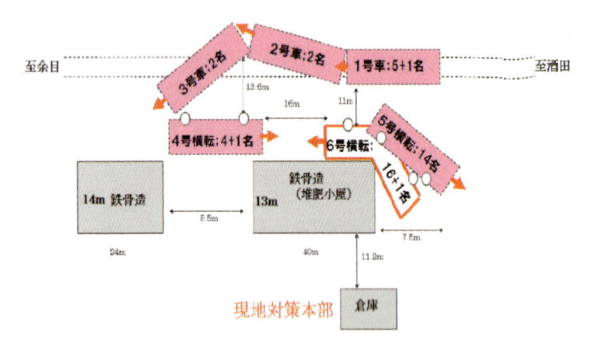

写真6-22 進入した窓。屋根は堆肥小屋のものなので、堆肥の上に車両が乗っていることになります。

写真6-23 事故直後。乗客救出のため障害物を取り除く救助隊。

(2) 救助隊の活動

救助隊は19時42分現場到着しました。先頭車両は屋根部分が堆肥小屋のコンクリート壁の角部に激突し、「く」の字に折れ曲がっています(写真6-21、図6-3)。傷病者は先頭車両と最後尾車両に分散していた状況でした。先頭車両以外の乗客は自力脱出していたため、先頭車両を重点に救助活動を開始しました。

先着隊は横転し割れた車両の窓から車内に進入し(写真6-22)、呼びかけに応じた7人を救出しました。後方隊は先頭車両後方の連結部から進入し、拉げた車両後部のトイレ前方座席にシートと天井に挟まれた2人

を発見しましたが、そこにたどり着くまでは狭い上に障害物は鉄板が厚く（**写真6-23**）、1人の救出に27分、もう1人の救出に4時間半を要しました（**写真6-24**）。

(3) トリアージ

救急隊は救助隊と同時に現場到着しました。最初に進入した最後尾の車両では、軽症者がいるものの全員が歩行可能でした。

写真6-24　事故直後。傷病者の搬出。

外は強風かつ厳寒という悪天候で積雪が深いこと、乗客の中に医師がいたことから、先着救急隊長は乗客にそのまま列車内に留まるよう指示をしました。

次に、先着救急隊長は横転した先頭車両に登り、窓から車内を眺めたところ乗客の声を確認しました。窓を壊して車内に進入しトリアージを行った結果、声を上げる者1人、呼びかけに応える者4人、横になっている者2人、及び下になった窓から女性と思われる者1人を確認しました。また、乗り合わせていた医師も別の車両でトリアージを行いました（**図6-4**）。

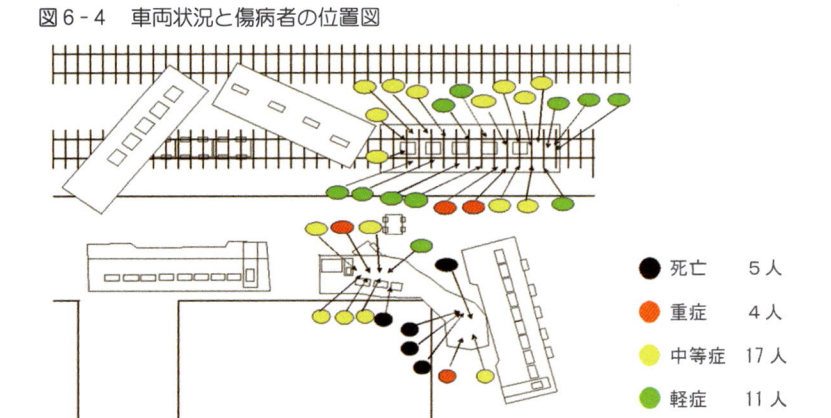

図6-4　車両状況と傷病者の位置図

- 死亡　5人
- 重症　4人
- 中等症　17人
- 軽症　11人
- 合計　37人

(4) 初期医療

現場にいた医師の申し出で、傷病者搬送の救急車に同乗してもらい、庄内余目病院へ向かいました。その後、日本海総合病院の医療チームが現場到着し、救護活動を開始しました。日本海総合病院からは、さらに医師2人、看護師2人が現場に到着、活動を開始しました。

先頭車両後部のトイレ前方座席で発見された1人は、クラッシュ症候群予防のため医師により薬剤投与がなされました。

3　活動を振り返って

今回の列車事故は、暴風雪及び積雪の中、堆肥小屋へ衝突したことから悪臭・不衛生（**写真6-25**）という、極めて劣悪な環境下で発生した災害でしたが、尼崎での列車事故に比べて乗客が少なく、また、積雪の上にソフトランディングした形での事故で、挟まれて身動きのとれない者は少なかったことから、比較的短時間で傷病者の搬送は終了しました。しかし、その中でも課題として浮かび上がった項目を挙げます。

写真6-25　事故から2日後。堆肥小屋の屋根を撤去しました。堆肥の上で作業する消防隊員たち。

(1)　消防機関自身の課題

1)　危険な現場からはすぐ離脱。トリアージ・タッグはポストに集めてから

割れた窓からみぞれが滝のように流れ落ち、傷病者の低体温が懸念されたことから、トリアージされた多くの乗客はタッグに記入することなく、迅速に現場を離脱しています。気象条件からやむを得なかったと考えます。

2)　トリアージ・タッグは濡れると使えない

トリアージ・タッグがみぞれで濡れて、車内での筆記ができませんでした。このため、トリアージ・タッグはほとんど利用されず、回収されたタッグは6枚だけでした。雨天時の災害現場で使えるタッグが望まれます。

また、トリアージ・タッグ回収漏れ防止のため、現場の状況に合わせて回収場所を作り、確実に回収する必要があります。

3)　人数が分からないときは情報を一元化・共有して無駄な活動を防ぐ

列車事故は、乗車人員が把握できないため、居もしない乗客を捜したり、不明者の発見を遅らせたりする危険があり、この事故でも、情報が錯綜して傷病者の把握に困難を来しました。**情報を一元化・共有**することにより、無駄のない迅速な活動を行うべきです。現場やトリアージポストと現場指揮本部との間に**連絡員を配置**することが必要です。

4) 寒いとバッテリーはすぐなくなる

　無線機や携帯電話は、バッテリーで作動しています。厳寒の中では、バッテリーの消耗が著しいため、通信機器等の消耗・充電対策が必要です。

5) 吹雪に耐えられるポストの設置もしくはバスなどの利用

　トリアージポスト用にエアーテントの設置を試みましたが、強風かつ厳寒、積雪が深いためエアーテントが飛ばされそうになり、さらに堆肥が散乱している状態のためポストの設置をあきらめ、待機中の救急車をトリアージポストとして活用した結果、救急車に到着した順に救急隊や関係機関車両で搬送されてしまい、全傷病者のトリアージが行われなかったことから、マイクロバスなどを利用したトリアージポストが必要であると考えます。

(2) 迅速確実な連携のための体制作り

　大規模災害時の救急・救護態勢を作るためには、迅速かつ確実な情報収集が重要であり、地域の保健所、医師会、警察及び関係機関合同の初動体制等を協議する場・機会を持つことが必要です。

　今回の事故を期に、酒田地区広域行政組合では、医師会との連絡専用電話が整備されました。このことにより、医師会では、現場の情報をリアルタイムに得ることができ、迅速に医療態勢を整えることが可能となりました。

　そのほかに、関係機関との連携に関し、私たちが課題としたのは以下のとおりです。この中には、現在協議中のものも含まれています。

・早期の医師要請の手順及び傷病者に対する医療・救護・搬送の連携
・医師会及び救急告示病院等への通報のルール化
・医療機関などに通報後の連絡体制作り
・早期の現場対応可能な医師の確保等、医師会でのルール化
・医師の移動手段の確保
・災害現場及び病院間の連絡員の配置と連絡手段の確保
・災害現場におけるトリアージの重要性についての指導

（齊藤一成）

VI 阪神・淡路大震災

1 事例概要

　1995年1月17日（火）午前5時46分52秒、淡路島北部を震源として発生したM7.3の地震により死者6,437人、行方不明者3人、負傷者43,792人を出した戦後最大の震災です。

2 現場活動

　消防職員として、救急救命士として、この震災に遭遇したことは、一生忘れることはありません。

　この震災で多数の死傷者が発生しましたが、あまりにも災害が大きすぎ、10署ある消防署、28の消防出張所が、それぞれ独自で災害対応することになったため、トリアージという概念を思い付くこともありませんでした。

　しかし、各救急隊はそれぞれの署情にあった災害対応を実施しており、その中で自然に重症者を優先して応急処置を実施し、震災で大きく罹災し収容能力の少なくなった病院に収容するなど、気が付かないうちにトリアージを実施していたと聞いています。

　また、筆者も震災当日は、生田消防署の救急隊長として、震災直後から救急活動を実施しましたが、震災直後はトリアージ・タッグを使用し、トリアージをするという考えは全く思い付きませんでした。その後、招集で参集した他の救急隊員とともに、当時神戸市消防局版のトリアージ・タッグを50枚準備しましたが、生き埋めの死亡者が大半であったため、トリアージ・タッグを付けるという状況ではなく、結局は使用することはありませんでした。

3 震災をはさんでの神戸市消防局の集団災害対策

　神戸市消防局では、以前から「突発災害救急」として集団救急対策を図っていましたが、1987年には救急業務規定に「集団救急業務」の章を設け、10人以上傷病者発生時の集団救急対策の強化を図るとともに、各消防署にも集団救急業務計画を策定させ、集団救急事故の強化対策を図りました。

　また、各救急隊には「集団救急ボックス」を配置し、三角巾、ガーゼなど外傷処置資器材のほか、当時の仕様としていたトリアージ・タッグなどを収納していました。このほか、

救急隊が病院から消防本部管制室や現場指揮所にFAX送信する「傷病者連絡票」も収納されており、1987年に策定した運用要綱としては先進的な体制であったと思います。

　なお、現在はこれらの規程を「大規模災害運用要綱」として改定し、さらに強化しています。また、2006年10月には「大規模災害対応救急隊（BLUE－CAT）」の発隊に伴い、「大規模災害対応救急隊活動要領」を策定し、救急部門の強化を図りました。

（正井　潔）

VII 中越沖地震

写真6-26 救急外来前のテントが重傷者の診療スペース。

　2005年より日本DMAT（Disaster Medical Assistance Team；災害医療支援チーム）隊員養成研修が始まり、災害医療の教育訓練を受けたDMATが全国に配備されてきました。2007年新潟県中越沖地震は、広域災害においてDMATが初めて本格的に活動したとともに、赤十字や医師会など多くの医療救護班が、県の災害医療コーディネーターの調整下に、急性期から慢性期にかけて組織的に災害時医療活動を行い得た画期的な事例でした。ここでは、急性期に地域の基幹病院である刈羽郡総合病院において行われた災害医療の3T（表6-1）のうち、多数傷病者受け入れのための病院前トリアージと、重傷者の後方転送のための搬送トリアージという2つのトリアージについて述べます。

表6-1　災害医療の3T

Triage	トリアージ
Treatment	治療
Transportation	傷病者搬送

1　事例概要

　2007年7月16日（月）（海の日）午前10時13分、新潟県中越沖を震源とするM6.8、最大震度6強の地震が発生。震源に近い新潟県柏崎市や刈羽郡刈羽村（周辺人口約10万人）を中心に、1,300棟以上の家屋が全壊し、死者15人、負傷者2,000人以上という被害が生じました。

2　現場活動

（1）刈羽郡総合病院

　平時より柏崎市周辺の救急医療は、災害拠点病院でもある刈羽郡総合病院（440床）が主に担っており、今回も発災直後から患者が集まり始めました。来院患者数（16日は362人）は11時から12時頃にピークとなり、病院は大混乱に陥りましたが、発災から1時間以内に看護師を中心に半数以上の職員が自主登院するとともに、周辺開業医や消防も病院へ駆け付けるなど、地域総出の災害対応が行われました。

（2）初期のゾーニングとトリアージ

　刈羽郡総合病院は地域の基幹病院であったため、柏崎消防が職員を派遣し救急外来前にテントを設置、重傷者の診療スペースとしました（写真6-26）。休日だったこともあり、発災当時医師は数人しかおらず、看護師が中心となり正面玄関前から外来にかけてのスペースを軽症エリア、救急外来を重症エリアとするゾーニングと来院患者のトリアージが行われました（図6-5）。トリアージ・タッグは院内の所在が不明で、準備が間に合わなかったため使用されませんでした。

図6-5　DMAT介入前のゾーニング。病院への入口が正面玄関と救急外来の2か所に分かれています。

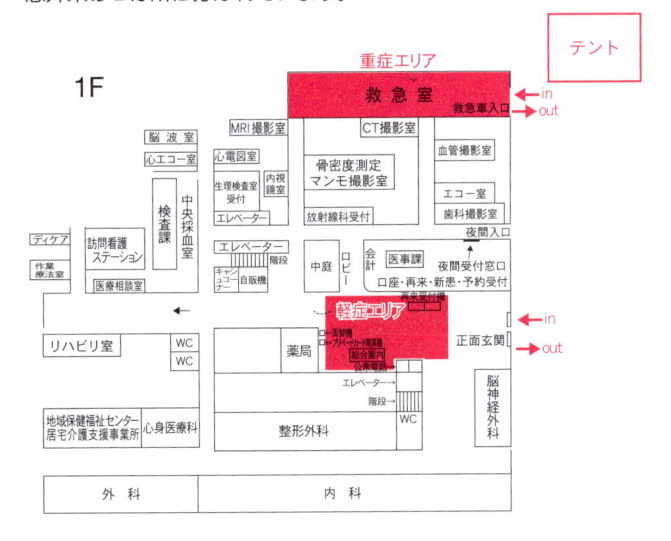

　病院への入口が正面玄関と救急外来の2か所に分かれたうえ、アクセスの制限がなされず、トリアージ基準が不明確かつタッグによるトリアージ結果の明示がされなかったことにより、トリアージを受けた患者と受けていない患者が混在し、付き添い者なども含め院内には人があふれかえり混乱を極めました（写真6-27）。

(3) 初期の後方搬送

ライフラインの破綻により、レントゲンなどの検査機器が使用できないなど診療機能が低下し手術も不可能のため、骨折の疑いのある患者や入院の必要な患者は転院させる方針で、12時頃より転院搬送が始められました。しかし、診察した医師が個々の患者ごとに転院先と搬送手段を順番に手配するという、平時の転院搬送に準じた方式のため効率が悪く、道路事情の悪さや車両の不足も重なり、搬送待ちの患者が溜まってしまう状態でした。

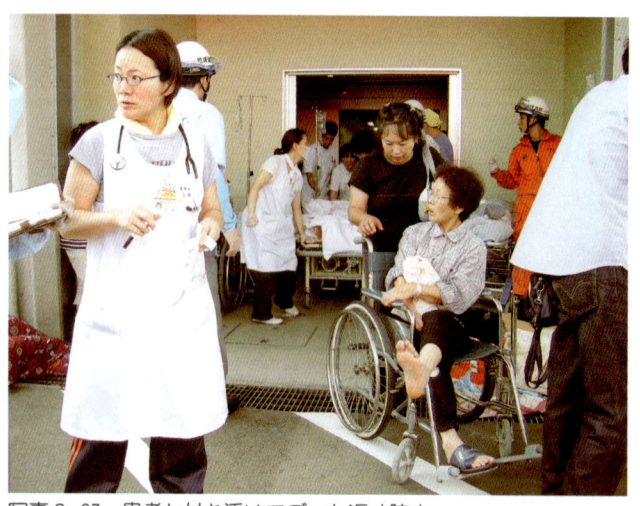

写真6-27　患者と付き添いでごった返す院内。

(4) DMATの介入

発災から3時間ほどで最初のDMATが到着したのを皮切りに、DMATや他の医療支援班が続々到着し、協力しながら病院支援を行いました。

1) 病院前トリアージ

先着DMATは、災害医療の3Tについて院内の状況を把握し、病院への入口は救急車搬送例も含め正面玄関1か所とし、そこにトリアージポストを設け重傷者のみ救急外来に回し、そこから後方搬送へ出す一方通行の動線を確立しました。それに合わせて救急車からの降車・乗車ポイントを設け、車両動線も整理しました（図6-6）。これにより、すべての来院患者がもれなくトリアージされるようになりました。当初はDMATも少なく、主に救急外来での重症対応にあたったため、トリアージと軽症者対応は病院スタッフや新潟大学など他の医療救護班に依頼し、START方式によるトリアージを行うことを申し合わせました。

外部からの医療支援が到着した時は、既に患者来院のピークを過ぎていたこともあり、受け

図6-6　DMAT介入後のゾーニング。患者の一方向動線を確立。

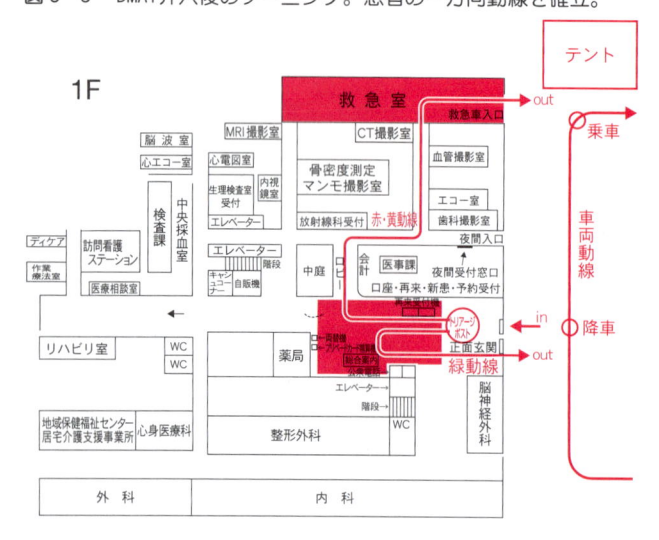

入れと軽症者の診療については、それ以上大きな混乱が生じることはありませんでした。

2) 搬送順位トリアージ

DMAT介入前はマンパワー不足と混乱のために、JATECあるいはJPTECに則った全身評価が行われなかったり、搬送前の安定化処置や再トリアージが不十分なため、単独四肢外傷と診断されていた症例が容体悪化するといった例が散見されました。DMATは主として中等症以上の後方搬送を担当し、全身観察結果や安定化処置の状態により、転院搬送の順位付けト

写真6-28　転院先や搬送手段の手配を行うDMAT隊員。

リアージと転院先の手配、搬送手段の手配を行いました（写真6-28）。医師は治療に専念できるように、活動に必要な連絡調整は看護師を中心に行い、DMAT統括者の指示はリーダー看護師を介して伝達、実行されました。

搬送手段の手配は、病院に派遣された消防の指揮官とDMAT統括者が常にそばにいて活動したこと、DMATが衛星携帯電話により県の災害対策本部とのホットラインを設け、ヘリコプター手配を一元化して行ったことにより、スムーズに行うことができました。

転院先選定はトラウマバイパスの概念に基づき行った結果、既に病院スタッフが手配していた病院から急遽変更になったり、搬送順が入れ替わるなどの事態が生じ、病院スタッフとのコミュニケーション不足もあり若干の混乱、トラブルが生じてしまいました。

16日の17時過ぎまでに赤タッグ、黄タッグに相当した24人（うちヘリ搬送6機8人）を無事に被災地外医療機関へ搬送し、急性期の救命医療はほぼ終了しました。

3　活動を振り返って

(1) 消防とDMAT、互いの長所を生かした活動を行う

消防職員は日頃から災害対応の訓練を繰り返していますが、状況に応じたトリアージ法の使い分けやトリアージ・タッグの正しい扱いなど、災害医療の細部については必ずしも十分な知識があるとはいえません。それに対し、系統的に災害医学教育を受けているDMATは、そうした内容に長けている反面、災害現場での安全確保や救助、搬送などは消防に頼らざるをえません。DMAT隊員養成研修では消防や自衛隊との連携の重要性が強調され、互いを知るための合同訓練も行われています。日ごろから他機関の得意不得意を知り、現場では各々の長所を生かし、不足を補い合う連携が必要です。

(2) 活動中も常にCSCAを意識する

　災害医療の３Tを円滑かつ有効に行うためにはCSCA（表6-2）が重要であり、活動開始前に体制を構築する際や、活動中も常にCSCAを意識しなくてはなりません。今回の事例では、医療側が指揮命令系を持つ組織を構築できたこと、医療と消防の現場責任者が密に連絡を取り合い、明確な役割分担（表6-3）下に協力できたこと、災害対策本部とのホットライン設置、ホワイトボードによる情報共有など、３T以前にCSCAを意識したことが活動成功の要因といえるでしょう。逆に、被支援病院スタッフとの連携など若干のトラブルが生じた部分については、CSCAがうまくいっていませんでした。

表6-2　CSCA
あらゆる災害に体系的に対応するために必要な要素の頭文字。３Tと合わせたCSCATTTは、災害医療マネージメントの基本として英国MIMMS、あるいは日本DMAT隊員養成研修で教えられています。

Command & Control	指揮命令（各機関内の縦の連携）、統制／調整（関係機関の横の連携）
Safety	安全確保
Communication	情報伝達（通信手段の確立、伝達すべき情報の標準化）
Assessment	評価（情報の評価・分析、資源の配置転換、戦略の軌道修正）

表6-3　刈羽郡総合病院における消防と医療の連携

消防	医療
テント設営、地域の情報収集	トリアージ、治療
傷病者搬入	転送先医療機関選定と連絡調整
陸路転院搬送（仮設ヘリポートへの搬送含む）	ヘリコプター搬送手配*
現場へのDMAT派遣要請	要請に基づくDMAT現場派遣

＊今回は、県災害対策本部がDMATの要請に基づき関係機関（消防防災、海上保安庁、自衛隊）と調整し、ヘリコプターを手配する体制でした。

(3) すべての協力者を戦力にするためには言葉と態度に注意する

　DMATや赤十字などを除くほとんどの医療者は、災害医療の専門的な研修を受ける機会に恵まれてはいませんが、救急外来で重症者を優先したり重症患者をICUに集めるなど、日常業務を通じてトリアージやゾーニングの概念は身に付いています。

　平時からの災害対応の教育訓練が重要なのはいうまでもありませんが、現実問題として、災害時は予備知識の不十分な人の力も借りないと活動が成り立ちません。「こんなことも知らないのか」というような態度は厳に慎み、その場で簡潔かつ要領を得た説明をし、すべての協力者を戦力にしなくてはなりません。災害時に寄せ集めの即席チームが協力しあい、また、支援を受ける側とも良好な協力関係を構築するためには、接遇面などで普段以上の努力が必要となります。

（熊谷　謙）

VIII 北海道佐呂間町竜巻災害

写真6-29 集落全景。竜巻の通り道がはっきり分かります。

1 事例概要

2006年11月7日（火）13時20分頃に発生し、死者9人・負傷者31人と117棟の建物損壊を引き起こした竜巻災害です。死者数では過去最悪の竜巻被害となりました。後の報告では竜巻の風速は70～92m/秒とされ、住宅だけでなく列車も転覆する規模でした（写真6-29）。

2 現場活動

(1) 覚知から現着まで

13時29分、付近を通行している人から「電柱等が倒れて事故になっている」との第1報が入電。その後「生存というか、飛ばされた人もいて見つからない。竜巻で天井がバラバラ10棟以上です」「頭から血を流している人が3、4人、トンネル工事事務所の2階にい

た人何人かが行方不明です」と続々と通報が入電してきました。

　通報の時点で、ある程度の災害規模が予想できたため、消防本部では近隣の署所から各隊を出動させました。

(2) 状況把握

写真6-30　飛ばされたプレハブ。

写真6-31　全壊した建物と半壊した建物。

　覚知から16分後の13時45分に、佐呂間救急1・2が現着しました。現場は予想の範囲を超える被害規模でした。竜巻の通過した付近は、建物の瓦礫や屋根のトタン等が散乱し、雨雲により薄暗く、まるで爆撃を受けた後のようで異様な雰囲気でした。特に大きな被害があった共同企業体事務所兼宿舎は、約700m²の建物ごと約80m飛ばされ（写真6-30）、竜巻の通り道にあった建物は、古いものは床だけを残し周りは飛ばされ全壊し、ほとんどの家は窓ガラスがすべて破損し、屋根が飛ばされ破損しており（写真6-31）、壁体に飛来した物が衝突し穴や傷が付いていました。住宅に居た住民たちは、あまりの被害の大きさに家の外で呆然としていました。

　現場に着いた指揮者である消防署長は、非番者を招集し最大限の部隊を投入することを指示し、消防本部として最終的には消防車両10台、救急車6台（人員搬送車1台含む）と佐呂間町消防団3台を出動させました。また、近隣の北見地区消防組合から北海道消防相互応援協定に基づき、消防車4台と救急車2台の応援を受けました。

　早期に現場の状況を把握していた佐呂間町は、災害発生から20分後には佐呂間町災害本部を設置し、現場への医師の出動を要請し、消防覚知から31分後の14時に医師、看護師が現場に到着しました。

(3) トリアージ

13時45分佐呂間救急1・2が現着。現場が広いため2隊に分かれ、トリアージを開始しました。

本来は1隊が責任を持って行うことが、傷病者評価にばらつきがなく良いのですが、広範囲に傷病者がいた（図6-7）ため、最初2隊で行うこととなりました。しかし、誰もいなくなった救急車内に関係者が傷病者を運び入れ、「病院に早く連れて行ってくれ」と要請したため、その後に到着した湧別救急1隊がトリアージを継続しました。

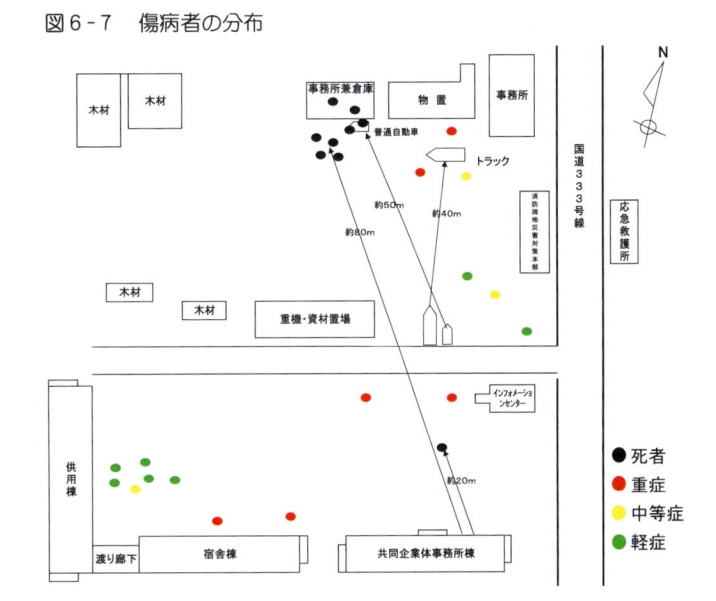

表6-4にトリアージの結果を示します。赤タッグでも搬送が遅れたり、未トリアージなのに2番目に搬送されたりと、大規模災害のトリアージの難しさを端的に示しています。

図6-7 傷病者の分布

表6-4 負傷者の傷病程度とトリアージの状況及び搬送状況

患者番号	傷病程度	区分	トリアージ・タッグ	救急搬送順
1	重症	Ⅰ	未装着	1
2	重症	Ⅰ	装着	3
3	重症	Ⅱ	未装着	1
4	重症	Ⅰ	装着	4
5	重症	Ⅱ	装着	2
6	重症	Ⅰ	未装着	2
7	軽症	Ⅲ	装着	5
8	軽症	Ⅲ	装着	5
9	軽症	未トリアージ	自力で救急車へ	3
10	中等症	未トリアージ	仲間により救急車へ搬送	2
11	中等症	Ⅱ	装着	7
12	中等症	Ⅱ	装着	6
13	軽症	Ⅲ	装着	6
14	軽症	Ⅲ	未装着	8
15	軽症	Ⅲ	未装着	8
16	軽症	未トリアージ	避難所より搬送	9

写真6-32 後ろに簡易テントのトリアージポストが見える。

(4) トリアージポストの設置

今回、救護所が設置されたのは、覚知1時間10分後でした。これは、最初に今回の竜巻災害がこのように大規模だとは予想しておらず、対策が後回しになったからです。設置した場所は共同企業体現場の直近の国道の脇で、救急車が容易に近付け、病院搬送しやすい箇所としました（**写真6-32**）。これとは別に、CPA傷病者で医師が死亡確認した人は、近くの公民館に搬送されました。

本来救護所（トリアージポスト）では、現場でトリアージされた人を集め、応急処置を行い再トリアージ後、搬送順番を決定します。今回は、救護所設置までに時間を要し、重症者の搬送が終了していましたので、軽症者数人が応急処置をして救急車の到着を待っていたのが現状です。

(5) 救急搬送

救急搬送は負傷者16人を8台の救急車で行いました。重症者は最初の4台目までに搬送しています。覚知から37分後には重症者全員が搬送開始され、覚知から1時間13分後には病院に収容されました。

3 活動を振り返って

過去に大規模災害が起こるたびに、消防の活動が報告されていましたが、「私の地域では一生こんな災害は発生しないだろう」と考えていました。しかし、実際に活動を終えて今考えてみると、大規模災害は人の多く集まる大きな消防のある地域で発生するのではなく、どんな場所でもどんな規模の消防でも起こりうることです。突然の災害にも落ち着いて行動できるように普段の備えが必要です。

(1) START方式：興奮状態では呼吸回数はあてにならない

当初救急隊が行った結果では、赤色が4人に付けられていました。今回は竜巻災害という特性上、全身の創傷・骨折・頭部外傷と所見が派手になります。興奮状態で呼吸回数が多く、このため赤色を付けたと思われる傷病者が何人かいました。

(2) トリアージの「重症」は「直ちに治療＝救命」

病院からの報告によると、赤色の傷病者は開放骨折、頭部裂創、脱臼、挫創等で「重症」とされてはいました。しかし、トリアージでいう「重症＝直ちに治療を行えば救命できる」には厳密には該当しない者もいたのではと考えます。また、病院からの傷病者傷病程度が

重症で救急隊のトリアージ結果が黄色だった者が2人いたことも、トリアージと病院との重症度の概念が異なることを示しています。

(3) 黒タッグ判断は生存者のためにも重要

今回、有効に救急搬送できたのは、現場に派遣された医師によりCPA傷病者の死亡確認を行ったことが重要でした。このことがなければ、現場の指揮者は黒タッグのCPAの負傷者を搬送するか否かの決断を迫られました。この人々を搬送したとすると、単純計算では8台の救急車でCPA傷病者が9人、一度病院まで搬送を行うと現場に戻るまで1時間以上を要するので（図6-8）、重傷者の搬送がそれだけ遅くなってしまいます。

今回の災害は、昼間で医療機関も医師・看護師等の勤務者が多い時間帯でしたが、夜間だと救急受け入れを行っている医療機関は医師1人、看護師2人程度の人員でやりくりを行っています。このような状態でCPA傷病者が先に搬送されると、その後の重症者の受け入れが困難になります。

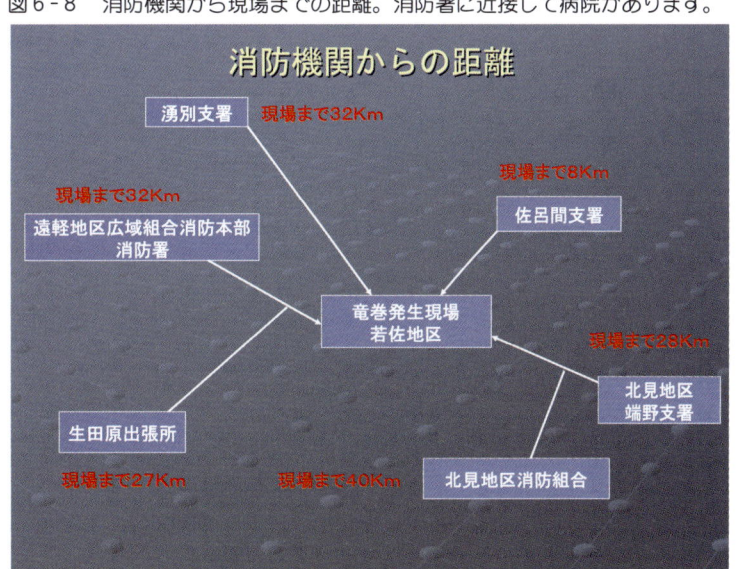

図6-8　消防機関から現場までの距離。消防署に近接して病院があります。

トリアージという観念からは黒タッグの搬送は最終になりますし、消防の救急車の台数や地元の医療資源を考えると、最後の搬送がベストです。しかし、やはり住民感情（負傷者の関係者）からそうできないこともあるでしょう。

(4) 関係者に屈してはいけない

今回の活動現場では広い範囲に負傷者が点在しており、最初の救急隊2隊は分かれてトリアージ活動を開始しました。しかし、そのうちの1隊は関係者によって重症者2人の元へ引っ張られ、「早く病院へ搬送して助けてくれ」と頼まれたため、トリアージを中止せざるを得ない状況となりました。この依頼が軽症者であれば、毅然と「他にもっと早く助けなければならない人がいます」と言えたでしょうが、全身傷だらけで骨折もありショック状態だと、関係者を説得するのは困難な状況になります。トリアージの基本が分かっていても、現場でそのとおりに進めることは状況により時にはできないこともあると思いますが、大規模災害だからこそ状況に屈することなく**基本を貫く**ことが、多くの人を救うこととなるのではと考えます。

(5) トリアージ隊はぱっと見て分かる特別な目印を付ける

周りから見ると、トリアージを行う救急隊も処置搬送をする救急隊も同じに見えます。ですから、周りから分かるようにベストを着用するなど、見分けができるようにすることが大切です。災害現場での言い争いは一番無駄な行為ですし、それらを未然に防ぐ手段としても目印は必要です。

(6) 消防団も動員して搬送人員を確保する

今回の災害活動は当組合では、トリアージ・タッグを使用した初めての大規模災害でした。トリアージを行うという概念は救急隊にはありましたが、その後どうするかは今まであまり考えられていませんでした。結果として今回は、負傷者を探しながらトリアージを行ったのですが、同時に他の救助活動を行う者もいて人手が足りず、せっかくトリアージを行っても搬送する人員がいない状態でした。後日の反省として、出動し捜索活動を行っていた消防団員を有効に活用した方が良かったのではないかとの意見が出ました。

重症者がさらに多ければ、地元の医療資源から考えると、もっと遠くの医療圏への搬送も考慮しなければなりません。そうすると、搬送はヘリや航空機が有効と考えますので、早くそのような体制ができることを望みます。

(7) トリアージ情報の共有のため連絡調整員を置く

今回の竜巻災害では、トリアージ後の負傷者がどこに何人いるかが、救急隊同士でもうまく伝わりませんでした。また、当初本部職員3人が連絡調整を行いましたが、救急活動におけるトリアージ活動はその範疇には入っていませんでした。

また、今回の現場のように行方不明者の確認、住民の安否の確認、応援要請、救助活動現場の指定、警察機関との調整、関係機関との調整など、一遍にやるべきことが重なると、トリアージ情報の収集と調整はおろそかになる可能性があります。

指揮隊の設置は無理でも、指揮者の基に救急活動の連絡調整要員を置き、効率良く救急隊を運用すべきです。これにより、重症者順に病院に搬送できるからです。

(8) 簡易テントは使えない

今回の災害現場は雨が降っており、地盤が土だったためドロドロでした。時間が経つにつれ気温も下がり寒くなってきました。しかし、救護所のテントは簡易テントだったため、一部は雨水が入り寒さをしのぐことはできませんでした。

災害はいつの季節でも起こり得ます。雨や風が吹いていたり、北海道の場合、冬は雪が降り気温がマイナスとなります。体温の低下は外傷の負傷者には致命的な悪影響を及ぼすので、エアーテントの用意が必要と考えます（表6-5）。

(9) バスは使える

今回応援で出動した北見地区消防組合には、バスも派遣して頂きました。関係者の事情

表6-5　簡易テントとエアーテントの比較

簡易テント（写真6-33）	エアーテント（写真6-34）
・通常6人（最低3人）で設置しなければならない ・テント周囲も張れるが隙間風が入る ・周囲を張らないと中が見えプライバシーが保てない ・床がないので地面が良くないと救護所には不向き ・安価である	・2人で設置できる ・周囲・床共あるので外部と隔離できる ・専用の照明もあり夜間でも明るい ・内部で暖房機器を使用すれば暖かい ・高価である（最低100万円から）

聴取に活用しましたが、災害現場では軽症者の一時収容や、多数負傷者が発生し病院搬送など有効に活用できると考えます。

⑽　関係者に情報を与える工夫を

　今回トリアージを受けた負傷者で歩ける人は、行方不明になっている仲間の安否や負傷の具合を気にして、現場内を移動している人がいました。これは心情を察すると仕方のないこととは思いますが、救護所に収容し情報を与えるなどの対策が必要です。

⑾　生命のトリアージと救出順序は別

　今回の竜巻災害では、車の下敷きや瓦礫の下敷きにより3人の救助が必要でした。救助活動の現場でも、**救出順番を決定するためのトリアージ**が必要と考えます。例えば、何かの下敷きで数時間たった人を救助する場合、たとえ会話ができてもクラッシュシンドロームを予防するために、現場で医師の処置が必要と思われるので、その準備ができていなければ、下敷きの負傷者より軽い別の負傷者の救助活動が先になると思われます。

　また、救助現場においては下敷きなどで負傷者の体の一部しか見られないことがあります。このような場合、顔が出ていれば呼吸状態や顔貌から評価しなければならないでしょうし、手しか見えなければ、呼びかけ反応やリフィリングタイムで評価しなければならないでしょう。何より負傷者がどのような状況におかれ、生命に危機があるかを判断しなければなりません。

　交通事故現場等では、負傷者が折り重なっていて手前から救出しなければ奥の重症者が救出できない現場が多々あります。救助現場におけるトリアージは、現在の状況と今後予想される負荷等を総合的に判断しなければなりません。

(12) トリアージ・タッグについて

今回トリアージ・タッグを使用しましたが、問題点がありましたので提示します。

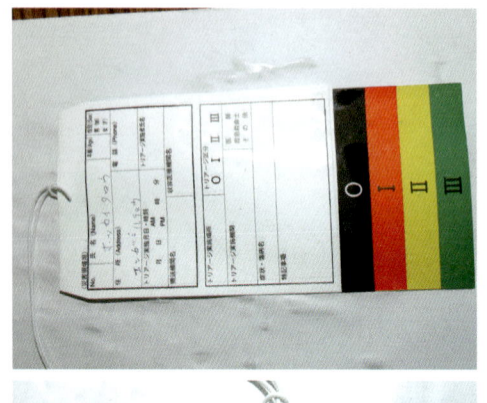

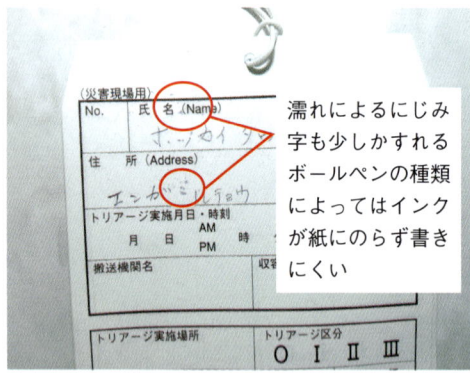

写真6-35 タッグは濡れると書けません。

濡れによるにじみ字も少しかすれるボールペンの種類によってはインクが紙にのらず書きにくい

1) 鉛筆を使う

当組合では、タッグとボールペンをまとめてビニール袋に入れていました。当日は雨でタッグが濡れたのですが、ボールペンではインクののりが悪く記入しづらかった（**写真6-35**）との意見がありました。その後、タッグを濡らして鉛筆で記入したところ問題なかったので、現在は**鉛筆とセット**にしてあります。

2) 漏れなく書く

タッグの記入は、現場トリアージの段階では名前の一部と受傷部位の一部しか記入できなかったなど、記入に関しては不十分でした。今後の課題です。

3) 負傷者へのタッグ：拒否しても付けるよう一度は説得

今回の災害で、負傷者にタッグを装着しようとしたところ、装着を拒否した者もいました。これは、自分は軽症なので、まだ発見されていない仲間の安否を気遣ってのことでした。タッグは個人識別や安否確認になることなど簡単に説明し、付けてもらうように一度は説得します。しかし、説得に時間がかかりそうでしたらサッとあきらめる柔軟さも必要です。

4) タッグは忘れず回収

タッグの1枚目は搬送先が決まった時点で回収するのですが、回収を忘れたものもありました。また、2枚目は搬送救急隊が病院引き継ぎ時に回収するのですが、この辺の周知がなされていなかったため、多くは回収されませんでした。

5) テープで貼ると飛ばされない

回収されたタッグも消防現地対策本部に集められた分も、対策本部が騒然としていたのと、屋外で風があったため紛失してしまいました。タッグを剥がしたあとテープを付けることにより、ボードや現状を記入している物に貼れ、紛失を防げると考えます。

6) 医師・看護師はタッグを知らない

　災害後に病院関係者にタッグについての意見を聞きましたが、医師・看護師はタッグに関する知識を持っていない人がほとんどでした。救急隊も負傷者引き継ぎ時にはタッグの説明を行わず、通常の傷病者引き継ぎ書で引き継いだため、タッグの活用には至りませんでした。

⒀　受け入れ病院にも状況と終了を伝える

　今回の竜巻災害では、地元医療機関へ災害発生後すぐに傷病者の受け入れ可能人数の確認を行いました。平日の昼間ということもあり、数人から何人でもという回答を得ました。今回の現場は地元医療機関に行く時間と、隣の北見管内の医療機関に行く時間があまり変わらないため、重症者が重ならないように両方の医療機関への搬送となりました。

　医療機関からは状況をもっと詳しく知りたい、連絡がないがどうなっているのかの問い合わせがありました。また、全員を搬送後にある医療機関から、スタッフの待機があるので、あと何人搬送があるかの問い合わせがあり、搬送終了の連絡も必要だと感じました。

⒁　災害規模によってはDMAT派遣を要請する

　今回は災害発生から数時間後、医療チームを派遣したとの連絡を受けました。負傷者は共同企業体の従業員がほとんどだったので、捜索・救急活動は早期に終了し、途中引き揚げとなりました。しかし、もっと負傷者が多かったり、活動時間が長期化したり、特殊災害や瓦礫の下に救助者がいる場合は、DMATの派遣が有効であると考えます。また、地元の少ない医療資源を考えると、DMATは災害時に重要な役割があると思われます。

⒂　マスコミへの対応

　災害時にはマスコミの対応が大変で、かつ、被災者にとってはマスコミからの情報は重要な情報源です。竜巻の時には、共同会見の開き方などでマスコミから苦情も受けました。個人情報のこともありますが、親族にとっては情報を得る手段はマスコミです。取材のあり方には救助側から見て問題はありますが、情報の開示は必要です。行政的にはガイドライン等が必要でしょうが、個人情報と情報開示の兼ね合いで、ガイドラインの設定もなかなか難しいでしょう。

⒃　自衛隊との協力

　遠軽には自衛隊駐屯地があります。自衛隊は当日副連隊長が早期に現場に来ていました。遠軽の連隊も待機命令があったそうです。自衛隊への協力要請は、基本的には知事もしくは市町村長が行うことになっていますので、消防を超える話になりますが、例えば救護用テントの設営など得意分野を自衛隊に依頼することも考えられます。これからの検討課題の一つです。

（佐竹信敏）

IX 造船所での集団災害事故

写真6-36　最先着隊到着時の状況。

1 事故概要

　2009年1月23日（金）9時25分頃、大分市大字青崎の造船所内の建造ドックにおいて、作業員が建造作業を開始するため岸壁から船舶の開口部に向け斜めに架けてつながっているタラップを歩行していたところ、何らかの原因により突然タラップが落下し、多数の死傷者が出た集団災害事故です（図6-9）。

2 現場活動

(1) 覚知から現着まで
　第1報を9時31分に通信指令センターが覚知し、負傷者が多数発生しているとの通報内

容から、かなり大きな事故と判断し、特別救急第2出動態勢により、直近の消防署所から多数の消防車両等が出動しました。

最先着は、災害現場に近い私たちの出張所の救急隊と水難救助隊で、6分程で到着しました。当初現場がどこなのか視認できず、関係者から現場へ誘導をしてもらいました。

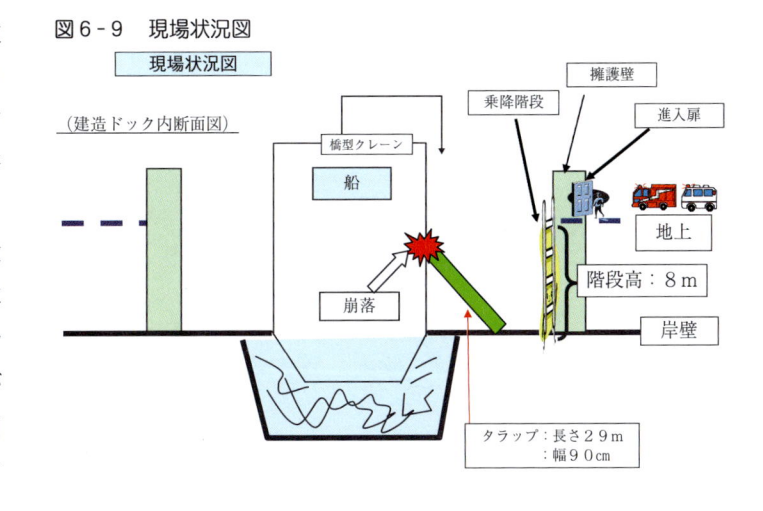

図6-9 現場状況図

到着時の状況は、鋼製タラップが岸壁から約2m高さ約5mの位置で造船に対し平行に宙吊られている状態でした。

また、タラップ上には約20〜30人が将棋倒しのような状態で倒れているのが確認でき、驚愕を覚えました。

(2) 最先着隊の活動状況

私たち救急隊3人のうち1人に、救急車に積載してある資器材をできる限り多く集めるよう指示し、傷病者の概況数、現場の状況を通信指令センターに無線で情報を送り、私と残りの1人で地上に投げ出された傷病者のトリアージを実施することにしました。

START方式による一次トリアージを行っていると、作業員から「海中に投げ出された人がいるんや」と伝えられ、2人では対応できないので、このことを水難救助隊に伝え、そのままトリアージ活動を継続しました。

そのような中、宙吊り状態であったタラップが、建造中の船舶に取り付けられている大型クレーンにより地上へ移動してきました。そこには、私たちが想像していた以上の多数の重軽傷者と未受傷者、さらにCPA状態と思われる負傷者がいたのです。

(3) 多数の負傷者に対する対応

この災害現場は、私たちが予想していたものよりはるかに大きな現場であると痛感しました（写真6-37）。

今、行っているトリアージを優先すべきか、タラップ上の傷病者の対応を行うべきか、瞬時の判断が求められたことを覚えています。

この時、私たち2人ではトリアージ活動に限界があると感じましたが、地上にいる負傷者とタラップにいる負傷者と別々にトリアージを行う必要があると考え、二手に分かれてトリアージを実施することにしました。

さらに、トリアージの実施方法について、活動方向を一方から実施していこうと確認を

しました。そうしなければ、負傷者のトリアージ活動に漏れが生じると考えたからです。

(4) 飛び交う罵声、怒号

ところが双方のトリアージ活動は、困難を極めました。なぜなら、「おい、こっちのけが人の方が先やないか！」「何、モタモタしよんのや！ はよ、手当てしろや！」と周囲の人から罵声や怒号が飛び交い、まともに観察ができるような状況ではなかったからです。心を鬼にして、怒声を背中に感じながらのトリアージは心的にも苦しく、説明も行いましたが分かってもらえず、頭の中が真っ白になりました。このような状況は、訓練等でも経験したことがなく、非常に苦慮した点でもありました。

写真6-37 多数の傷病者と関係者。私たちが予想していたものよりはるかに大きな現場であると痛感。

(5) タラップ上での活動

タラップ上は活動スペースが狭かったため、軽症者、未受傷者を円滑に排除できず、トリアージ活動は困難を極めました。このタラップ上の負傷者のうち軽症者は未受傷者に任せてトリアージ活動をしていたところ、呼びかけ等に反応のない負傷者2人を確認。すぐさま、観察を実施し、再気道確保を行うも2人とも自発呼吸なしの状態でした。黒タッグをつけることができず、その場にいた未受傷者に「この方の胸骨圧迫をして下さい」とお願いし、周囲の隊員や未受傷者に搬送の順位や処置の指示を行いながらトリアージ活動を継続しました（写真6-38）。

写真6-38 隊員、同僚、総出で処置をします。

(6) DMATの要請及び連携活動

DMATの出動は、災害現場からの要請により対策本部が行いました。本部の同僚から

聞いたのですが、「どんな状態ですか？」「何人位の負傷者がいるんですか？」と聞かれたらしく、対策本部も詳細な状況がつかめていないため、出動DMATの医師に対し現場のイメージしか伝えられず迷惑をかけたそうです。

DMATへの出動要請は、第一出動の消防隊が出動してから約10分以内に行われました。最終的には5医療機関が現場へ到着し、その他受入れ医療機関及び出動待機の医療機関の確保が行われ、万全な体制が構築できていると思いました。

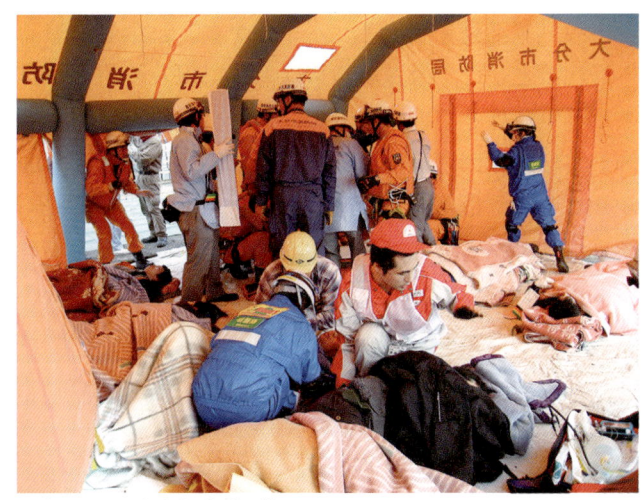

写真6-39　消防救護所の様子。

DMATには、主に消防救護所で活動するよう依頼しました。傷病者に対する二次トリアージの実施、救命処置、搬送補助、医療機関の選定等、様々な活動を行ってもらいました（写真6-39）。

(7) 傷病者の保護

当日は寒冷期であり、海沿いという地形で強風下にさらされ、傷病者の保護という点で非常に苦慮しました。エアーテント等に収容しても、現場出発までの医療機関の選定、救急自動車の不足等で長時間救護所内に滞在を余儀なくされ、また、毛布等の資器材の不足により、体温の低下等が危惧されているにもかかわらず最良の対応が行えなかった点もありました。

3　活動を振り返って

(1) 活動上の問題点

今回の現場は、負傷者の数こそ多いものの、複雑な救助方法が求められるものではありませんでしたが、

- 消防救護所から災害現場まで、かなりの距離を有している
- 負傷者の傷病程度で骨折等が疑われる人が多く、搬送には患部の固定が必要
- 地上部から岸壁までは約7mの昇降階段を使用しなければならず、その通路幅は人が一人やっと通れる程度の広さ
- 搬送に必要な固定器具等が明らかに不足している
- 寒気を伴う気象条件により、傷病者の状態が悪化することが懸念される

以上の問題が考えられ、傷病者の円滑な搬送活動、必要資器材の収集、消防隊及び救助隊

に応急処置活動を徹底させることが重要になると感じました。

　対応策として、搬送用担架は消防局保有のバックボード等に加え作業現場で使用している足場用鉄板を用い、関係者に資器材の確保について協力を求めました。傷病者の処置については、救助隊の救急有資格者を積極的に活動にあたらせました。しかし、搬送方法の問題については特に善後策等もなく、マンパワーに頼らざるをえない状況でした。多発骨折の傷病者にあっては、狭隘な階段からの搬出は不可能であり、造船所の作業用クレーンを活用しコンパネに乗せて搬出しましたが、救護所までかなりの時間を要しました。

　このような活動を行う場合、関係機関に対する早期の協力要請が必要だと痛感しました。

　傷病者をいかに早く救護所内に搬送できるかという点において、搬送活動にこれほどまでの困難を伴うことを予測していませんでした。

(2) 情報共有の課題

　全国的にも、集団救急災害事例は多発傾向にあり、関係機関（特に地域DMAT）との連携は、もはや欠かすことのできない重要な要素であると思われます。

　このような中、相互機関の情報共有、活動内容について、常に検討し共通の認識を持つことが重要であり、協議会や事後検証会等を通じて働きかけを行うことが今後の最重点課題であると痛感しました。

(3) 初動対応の強化

　集団救急災害の場合、まず、負傷者の数及び状態を大まかに把握することが重要であり、その状況により今後の対応として現有消防力の投入数及び関係機関の協力要請がなされることから、最先着隊は消防隊及び救急隊に限らず、救助救出活動に加え情報収集活動を並行して行わなければならないと感じました。

　なお、災害全体に関する情報収集については、支援隊等を早期に編成し万全のバックアップ体制を構築し、初動体制の強化を図らなければなりません。

　このような対応を行うためには、一定の傷病者数に応じた集団災害の計画出動の策定及び運用の見直しが必須であると思います。

(4) 常に訓練を繰り返すこと

　今となっては、当たり前のように行われているトリアージ活動については、技術向上のみにとらわれるのではなく、傷病者の重要な情報が記入されているトリアージ・タッグの取扱いについて反復訓練を行い、どのような状況においても正確に記入できるようにしておかなければならないと思いました。

　また、多数の傷病者が発生した場合の対応イメージを、関係機関等も含めて机上によるシミュレート訓練で行うことが今後重要になると考えます。

(5) DMATや医療機関との信頼構築

　私たち消防機関とDMATは毎年１回、大規模な災害を想定し連携訓練を実施しており、このような訓練を通じてある程度の意思疎通は図られていることから、消防機関側からの現場のイメージのみの情報提供でも混乱をきたすようなことはありませんでした。ただし、DMAT内の統括的な活動に対する対応、消防機関との救護活動に対する考えの相違等については、その後の相互検証会議等で議論となりました。

　また、市内近隣の医療機関との信頼関係も大切です。今回の事例で良かったと思われた点として、要請した医療機関以外にも、自発的に「大丈夫ですか？」「出動しなくてもいいですか？」と問合せがあったらしく、私たちが日頃から行っている【顔の見える関係を築く】ことが功を奏した結果ではないかとのことでした。

(6) 経験を体制強化につなげる

　本災害は、本消防機関が対応した初めての集団救急災害であり、様々な教訓をもたらす結果となりました。

　常日頃の訓練ではできていることが思うようにできない事があり、災害対応に関して消防機関に課せられた責務は何なのであるのかと考え直す機会であったのかもしれません。

　今後は、本事例で検証された課題の克服に努め、類似事例が発生した場合に万全の対応が行えるように体制の強化を図っていきたいと考えています。

　また、地域DMATとのつながりを大事にし、各関係機関との更なる連携の強化についても併せて考える必要があると感じました。

（志賀義昭）

第7章

用語解説

3－3－9度方式
さんさんくどほうしき
☞ Japan Coma Scale

3 T
さんてぃ
☞ 災害医療の3T

3辺テーピング
さんぺんていぴんぐ
開放性気胸では、胸にある穴を塞ぐ必要がある。サランラップなど四角いフィルムで塞ぐときに、完全に塞いでは胸腔に溜まった余分な空気が肺の動きを邪魔するので、3辺だけ塞ぎ、1辺は開けて胸腔の空気を逃がせるようにする。これを3辺テーピング（写真7-1）という。

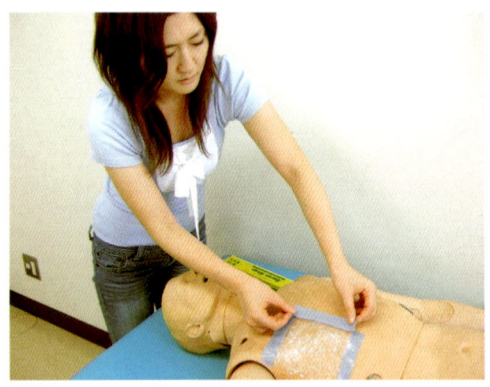

写真7-1　3辺テーピング

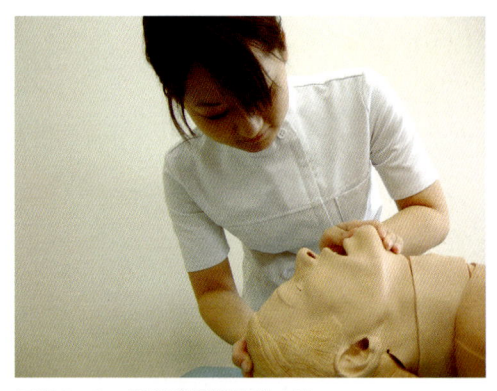

写真7-2　頭部後屈顎先挙上法

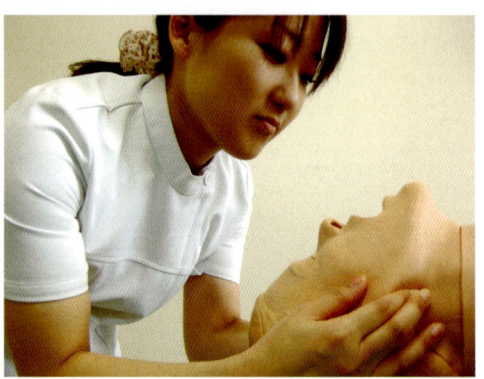

写真7-3　下顎挙上法

写真7-4　経鼻エアウエイ

Airway
えあうぇい
気道のこと。気道確保、気道を確保する管のこともエアウエイという。気道とは、息をしたときに吸った空気が口・鼻から肺に至るまでの空気の通り道。気道が何らかの原因により狭くなったり塞がれたりすると息苦しさを訴え、早い時点で気道を開放しないと死に至る。この空気の通り道を開放することもエアウエイ（気道確保）という。器具を使わずに手で行える気道確保の方法として、頭部後屈顎先挙上法（頭を後ろに傾ける）（写真7-2）、下顎挙上法（下顎を前に突き出し、受け口にする）（写真7-3）がある。気道確保具のエアウエイは、傷病者がいびきをかいたり息ができなくなっているときに、空気を通すために口や鼻から入れる管のこと（写真7-4）。気管挿管で使われるチューブと異なり、管の先は声帯を越えることはない。

Breathing
ぶりいじんぐ
救急領域では人工呼吸を指す（写真7-5）。自発呼吸が消失している場合に行うものと、自発呼吸は消失していないものの十分な換気が行われていない場合に行うものがある。どちらも人工呼吸だが、自発呼吸が残っている場合に行うものを補助呼吸という。

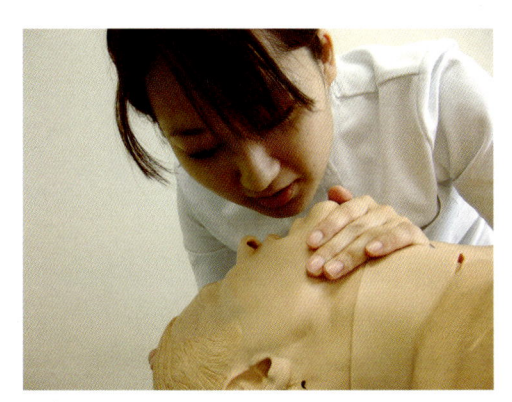

写真7-5　マウスツーマウス

Circulation
さあきゅれいしょん

循環のことであるが救急領域では胸骨圧迫（写真7-6）を指すことが多い。観察の結果、循環のサイン（息・咳・体動・脈拍）が感じられない場合、心臓の自発的な拍動がなくなり、有効な血液の循環が得られなくなったと判断し、傷病者の体外から心臓を圧迫して、最低限の血液の循環を得るようにするもの。

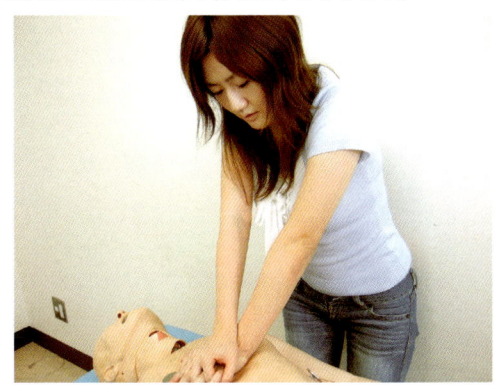

写真7-6　胸骨圧迫

CPA
しいぴいえい

Cardio（心臓）Pulmonary（肺）Arrest（停止）の略。心停止または呼吸停止の状態で、少なくともどちらか一方の機能が停止した生命にかかわる危険な状態。意識がなく、呼吸観察（胸の動きを見て、呼吸音を聞いて、呼気を感じて）で有効な換気がなく、循環のサイン（息をする、咳をする、体を動かす、総頸動脈で脈が触れる）がなければCPAと判断し、直ちにCPRを行う。

CPR
しいぴいああある

Cardio（心臓）Pulmonary（肺）Resuscitation（蘇生）の略。呼吸停止、心停止などの状態になったときに、呼吸及び循環を再開させるための救命手当。心肺蘇生法は気道確保、人工呼吸、胸骨圧迫などの一次救命処置（BLS：Basic Life Support）と、医療器具や薬品を使用する二次救命処置（ACLS：Advanced Cardiovascular Life Support）に分けられる。

CSCA
しいえすしいえい

Command & Control（指揮命令（各機関内の縦の連携）、統制／調整（関係機関の横の連携））、Safety（安全確保）、Communication（情報伝達（通信手段の確立、伝達すべき情報の標準化））、Assessment（評価（情報の評価・分析、資源の配置転換、戦略の軌道修正））の略。あらゆる災害に体系的に対応するために必要な要素。詳しくはp142を参照。

CSCATTT
しいえすしいえいてぃてぃてぃ

CSCAと3Tを合わせたもの。詳しくはそれぞれの項目を参照。

DDABC
でぃでぃえいびいしい

Decontamination（除染）、Drug（薬剤投与）、Airway（気道確保）、Breathing（呼吸）、Circulation（循環の安定）の頭文字をとったもの。化学テロでの蘇生手技の順番を示す。p55を参照。薬剤が2番目にきているのは、例えば毒ガスで気管に大量の痰が溜まっている場合、気管挿管しても換気ができないため、ABCの前に薬剤で痰を止める必要があるからである。

DMAT
でぃまっと

Disaster（災害）Medical（医療）Assistance（援助）Team（チーム）の略。災害発生から48時間以内に活動できる機動性を持った、トレーニングを受けた医療チームと定義される。

FAST
ふぁすと

Focused（焦点を当てた）Assessment（評価）of（の）Sonography（超音波画像）for（〜のための）Trauma（けが）。腹の外傷のとき、寝そべった状態で血液の溜まりやすい場所が4か所ある。その4か所だけ超音波画像診断装置を当てて血液が溜まっているか見ること。

GCS
じいしいえす

☞　グラスゴーコーマスケール

Golden Hour
ごうるでんあわあ

Golden（金の、貴重な）Hour（1時間）。救急領域では受傷時から1時間の間を指す。外傷患者の救命のカギとして、受傷直後から1時間以内に適切な医療機関での手術を行えるか否かにより生命予後が左右されるため、この1時間を「ゴールデンアワー・黄金の1時間」という。

Japan Coma Scale
じゃぱんこうますけえる

Japan（日本）Coma（昏睡）Scale（物差し）。意識レベルを、目を開けているか、開けていないかで評価する方法である。大きく分けて、（Ⅰ）刺激しなくても目を開けている、（Ⅱ）刺激を加えると目を開ける、（Ⅲ）刺激を加えても目を開けないの3段階に分けて意識レベルを判断する。細かくは、各群をさらに3段階に分ける。意識清明は0とするので、10段階で意識レベルを評価することになる（表1、2）。

表1　JCS（Japan Coma Scale3-3-9度方式）

0	意識清明
Ⅰ	刺激しないでも覚醒している（1桁で表現）
1	だいたい意識清明だが、今一つはっきりしない
2	見当識障害がある
3	自分の名前、生年月日が言えない
Ⅱ	刺激すると覚醒する－刺激をやめると眠り込む（2桁で表現）
10	普通の呼びかけで容易に開眼する
20	大きな声または体のゆさぶりで開眼する
30	痛み刺激を加えつつ呼びかけを繰り返すと辛うじて開眼する
Ⅲ	刺激しても覚醒しない状態（3桁で表現）
100	痛み刺激ではらいのけるような動作をする
200	痛み刺激で少し手足を動かしたり、顔をしかめる
300	痛み刺激に反応しない

表2　JCS暗記法

「いけないよいかはてま」
- Ⅰ　1　今一つはっきりしない
- 　　2　見当識障害がある
- 　　3　名前が言えない
- Ⅱ　10　呼びかけにより
- 　　20　痛み刺激により
- 　　30　辛うじて
- Ⅲ　100　はらいのけ
- 　　200　手足を動かす
- 　　300　まったく反応しない

JATEC
じぇいえいてっく

Japan（日本）Advanced（高度・発展）Trauma（ケガ）Evaluation（評価）and（～と）Care（処置）の略。特定非営利活動法人日本外傷診療研究機構が推進する医師用の外傷観察・治療プログラムのこと。JPTECとの整合性に注意が払われている。

JCS
じぇいしいえす

☞ Japan Coma Scale

JPTEC
じぇいぴいてっく

Japan（日本）Prehospital（病院前）Trauma（ケガ）Evaluation（評価）and（と）Care（処置）。日本救急医学会公認の病院前外傷観察・処置プログラムのこと。

Load and Go
ろうどあんどごう

Load（重い荷物を背負う）and（～と）Go（行く）。JPTECの定義によると、「生命に直結する観察・評価・処置を迅速に行い、適切な病院を選定し適切な搬送手段で、適切な時間内において、傷病者に決定的な治療（手術）を受けさせ、救命する一連の活動」を指す。

METHANE
めたん

情報伝達で必須の事項を覚えやすいように羅列したもの。M：Major incident, My call-sign or name（大事故の発生・可能性の宣言、報告者の名前）、E：Exact location（正確な場所）、T：Type of incident（災害の種類）、H：Hazards, present of can be expected（二次災害の有無・（今後の）可能性）、A：Access routes（勧められる現場までのルート）、N：Number, type and severity of casualties（被災者の数、傷病の種類、重症度）、E：Emergency services, present and required（到着している緊急活動チームと今後必要な応援）

MIMMS
みむず

Major（大きな）Incident（事故）Medical（医学）Management（管理）and（と）Support（補助）の略。イギリスで行われている少人数向けの教育システム。大災害時の医療にかかわる警察、消防、救急、医療機関、ボランティア、行政などの各部門の役割と責任、組織体系、連携の仕方、対処法、装備などをまとめて講義、訓練するプログラムである。Advanced Life Support Group（ALSG）という英国の独立した慈善団体によって運営されており、医師、看護師、消防、救急救命士、警察など、大災害時の医療にかかわる人

を広く対象としている。

NBC
えぬびいしい
Nuclear（核）、Biological（生物）、Chemical（化学）のこと。テロで散布される物質である。詳しくはp52を参照。

Pandemic
ぱんでみっく
広地域流行性のある感染症が爆発的に流行すること。

Preventable Death
ぷれべんたぶるです
☞ 防ぎ得た死

SAVE
せいぶ
Secondary（第二の）Assesment（評価）of（～の）Victim（傷病者）Endpoint（最終地点だがここでは治療のこと）の略。二次トリアージの方法の一つ。観察結果に病態を加味し治療の優先順位を決めるもの。

Sieve and Sort
しいべあんどそうと
Sieve（ふるいにかける）and（～と）Sort（並び替える）。イギリスで行われているトリアージ方法。SieveがSTART方式に、Sortが初期評価―全身観察方式に当たる。Sortでは観察結果を外傷スコアを用いて点数化し、トリアージ区分を決める。

SpO₂
えすぴいおうつう
S：Satuation（飽和度）、p：pulse oxymeter（パルスオキシメータ）、O₂：Oxygen（酸素）2量体。パルスオキシメータを使って測定した酸素飽和度のこと。血液は酸素が多ければ赤くなり、酸素が少なければ黒っぽくなる。外から光を当てることによって、この色の違いを計り数字として表したもの。

START変法
すたあとへんぽう
現在運用されているSTART方式は、当初発表されたものとは異なっており、これをSTART変法もしくはmodified（変形された）START方式と呼ぶことがある。変更は大きく2点ある。1)原法では呼吸確認が最初だが、変法では歩行可能者を除外する。2)原法では爪の色の戻りで循環状態を決めるが、変法では動脈を触れる。

START方式
すたあとほうしき
Simple（単純）Triage（トリアージ）And（～と）Rapid（素早い）Treatment（手当）の頭文字を採ったもの。1983年にアメリカで考案された。誰でもどこでも簡単にトリアージができるので、アメリカと日本で広まっている。内容についてはp19を参照。

Vital Sign
ばいたるさいん
Vital（生命の）Sign（徴候）。生きている人間が発するいろいろなサインの総称であり、傷病者の病態を表す指標として使われる。一般的には「呼吸」「脈拍」「体温」「血圧」を指すが、使う場面や使う人により変わる。災害現場での傷病者に関する「バイタルサイン」としては、「意識」「呼吸」「脈拍」「体温」の4つが重要である。これらはいずれも道具を必要とせず、実施者の五感で観察できるため、初期評価で観察する項目となっている。

Worried Well
うぉうりいどうえる
Worried（不安になった）Well（泉）。ニュースなどを見て不安になり湧き出すように病院を受診する人々のこと。

意識
いしき
自分は何者で周囲はどんな状態になっているかを判断できること。また、精神医学では自己が認識している心的領域のことを指す。

意識ABC
いしきえいびいしい
意識・Airway・Breathing・Circulationのこと。傷病者の状態を確かめる観察の基本。詳しくはそれぞれの項目を参照。

意識レベル
いしきれべる
意識が何らかの原因によって障害されたときの障害の度合をあらわす。意識レベルの判断方法は、傷病者の表情や言動・手を握っての反応、呼びかけたときの反応、痛み刺激を加えての反応等で判断する（写真7-7）。意識レベルの分類法としてJapan Coma Scale（JCS）、Glasgow Coma Scale（GCS）がある。

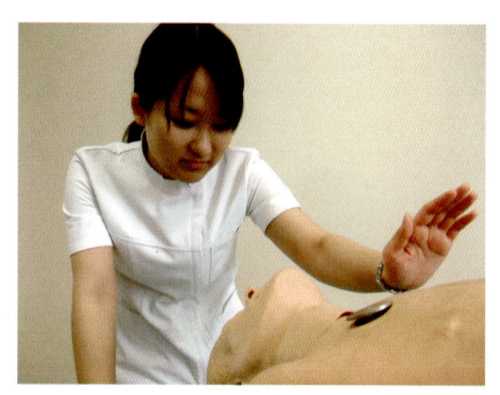

写真7-7　意識レベルの確認

外傷性
がいしょうせい
「ケガによって引き起こされた」という意味。

解剖学
かいぼうがく
体の仕組みを物の組み立てから追究する学問。心臓は解剖学的には胸にある。トリアージでこの用語を使う場合は、見て触れて体のどこにケガがあるか確認することをいう。

開放性気胸
かいほうせいききょう
肺に穴が開くだけでなく、胸（胸郭）にも穴が開いた状態。刃物で胸を刺したときになると考えれば分かりやすい。タッグの色を決めるのは穴が開くときにほかにどこを傷付けたかにより、それによって「赤」にも「黒」にもなる。

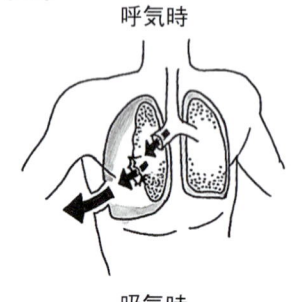

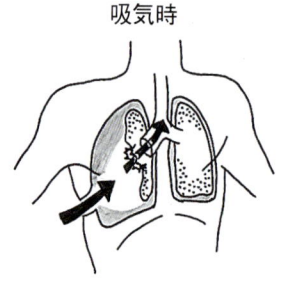

呼気時

吸気時

活動性
かつどうせい
今、状態が持続していること。活動性出血は、今、血が流れ出ていることをいう。

気管挿管
きかんそうかん
傷病者が自ら呼吸できないときに、口や鼻から気管まで太い管を入れて呼吸を助けることがある。この気管に管を入れることを気管挿管という（写真7-8）。

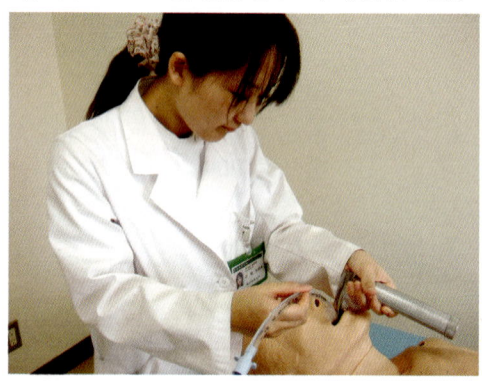

写真7-8　気管挿管

気胸
ききょう
肺の一部が破れて肺の内側（肺胞）と外側（胸腔）が繋がること。破れた肺は割れた風船のようにしぼむ。胸の痛みや息苦しさを感じるものの歩行は可能で、これだけなら緑タッグになる。

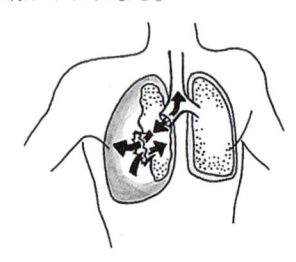

気道確保
きどうかくほ
☞ Airway

気道熱傷
きどうねっしょう
鼻から気管までのいずれかの部分にやけどを負った状態。鼻毛が焼けていたり、ススを吐き出したり、声が枯れたりする。やけどのためのどや口の中が急激に腫れ上がり、窒息して死ぬ可能性がある。発見時に歩き回っていても、必ず赤タッグを付け迅速に処置する。

気道閉塞
きどうへいそく

気道が詰まること。顔のケガの場合は、口の中からの出血が気管に入って気管が詰まることが考えられる。気管から口側の閉塞なら、気管切開などで気道を確保できれば救命できるため、赤タッグの中でも緊急に入る。出血がまだ続いているようなら、何らかの方法で血を止めるが、上顎や下顎が骨折破壊されている場合は止血困難。

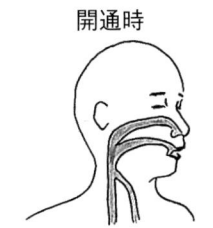

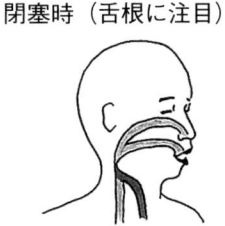

開通時 　　閉塞時（舌根に注目）

胸腔
きょうくう

ちょうちんに電球が入っているとする。傷病者の胸の場合、肋骨はちょうちんの骨であり、肺は電球である。ちょうちんの内側の空間を胸腔という。電球に見立てた肺は胸腔の中にあることになる。腔とは仕切られた空間のこと。

胸骨圧迫
きょうこつあっぱく

☞ Circulation

緊張性気胸
きんちょうせいききょう

気胸の中の特殊型。肺の破れた部分が一方向弁となり、空気を肺の外側（胸腔）にどんどん貯めてしまうタイプの気胸。肺から出て逃げ場を失った空気は心臓を押してその動きを妨げ、さらに進むと心臓が動けなくなる。注射針を悪い方の胸に刺して脱気するだけで救命することができるため、赤タッグの中でも緊急に入る。

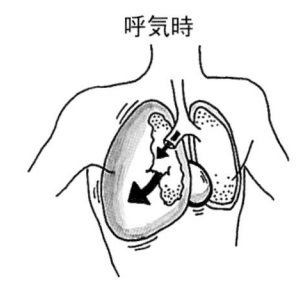

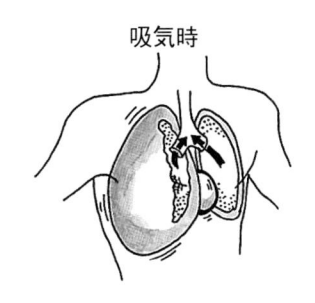

呼気時

吸気時

クモ膜下出血
くもまくかしゅっけつ

クモ膜は脳表面を覆うクモの巣のような薄い膜のこと。脳の表面の血管が破れた場合はクモ膜の下、脳との間に血液が溜まる。これをクモ膜下出血という。

グラスゴーコーマスケール
ぐらすごうこうますけえる

Glasgow（イギリスのグラスゴー市。ここで開かれた会議で作られた）Coma（昏睡）Scale（物差し）。GCSと略される。意識障害の評価方法の一つ。開眼、発語、運動機能の3項目をそれぞれに評価して点数化するもの。「E4V5M6」というように記載する。最低3点、最高15点。ジャパン・コーマ・スケールJCSでは、点数が大きいほど意識障害が重症だが、GCSでは合計した点数が小さいほど意識障害は重症となる。

E：開眼（Eye Opening）	
4点	自発的に
3点	音声により
2点	疼痛により
1点	開眼せず
V：発語（Best Verbal Response）	
5点	指南力良好
4点	会話混乱
3点	言語混乱
2点	理解不明の声
1点	発語せず
M：運動機能（Best Motor Response）	
6点	命令に従う
5点	疼痛部認識可能
4点	四肢屈曲反応、逃避
3点	四肢屈曲反応、異常
2点	四肢伸展反応
1点	まったく動かず

クラッシュシンドローム
くらっしゅしんどろうむ

Crush（砕ける）Syndrome（症候群、症状の集まったもの）。長い間、下敷きでいた傷病者が救出されたあとに起こる一連の症状をいう。長い間、血液が流れ

なかった場所にカリウムなどが溜まり、これが急激な血流再開とともに心臓へ流れ込んで心停止するのが典型。四川省大地震を映したテレビでは、建物の下敷きとなった男性がテレビのインタビューに答え、また家族に電話もしていたが、救出されたとたん意識が遠のき死亡した様子を流していた。また、救出直後を乗り切っても1週間後に腎不全（尿が出なくなる）の危険もある。命を救うためには、下敷きとなっているときから輸液、薬剤投与などの処置が必要である。

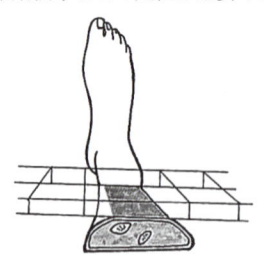

頸静脈怒脹
けいじょうみゃくどちょう

首の横を走っている静脈（外頸静脈）が膨れ上がっていることをいう（写真7-9）。心臓へ血液が戻れないことを示しており、外傷では心タンポナーデや緊張性気胸が、内科では心不全が疑われる。

写真7-9　外頸静脈

頸椎骨折
けいついこっせつ

頸椎が折れること。骨折だけなら手術などで回復可能だが、頸椎の中を走る脊髄が傷付いた場合は回復不可能である。

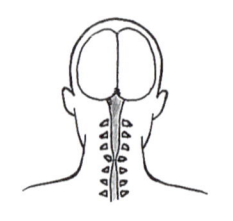

血圧
けつあつ

心臓から送り出された血流が血管の壁を押す力のこと。水銀（Hg）の柱の高さ（mm）で表すため単位はmmHgである。通常は腕を圧迫して測定する（写真7-10）。

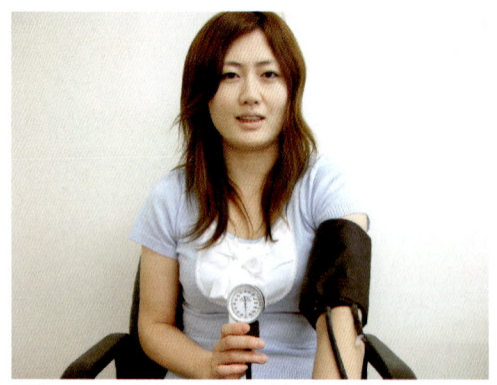

写真7-10　タイコス型血圧計と圧迫帯（マンシェット）

血胸
けっきょう

胸腔内に血が溜まること。

甲状輪状靱帯
こうじょうりんじょうじんたい

のど仏を作っている軟骨が甲状軟骨、そのすぐ下（足側）の軟骨を輪状軟骨といい、その2つの軟骨をつなぐ帯が甲状輪状靱帯である（写真7-11）。餅などでのどが塞がった場合には口から息を吹き込んでも呼吸させられないため、皮膚を通じてこの靱帯に針を刺す（穿刺という）か靱帯を皮膚もろとも切って（切開という）空気を送り込む。

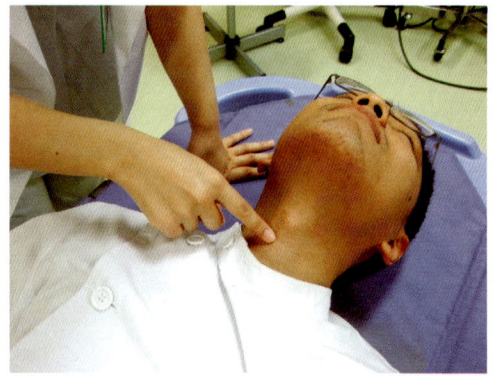

写真7-11　甲状輪状靱帯の場所

呼吸
こきゅう

酸素を取り入れ、炭酸ガスを吐き出すこと。大気と肺

とのガス交換は外呼吸と呼ばれ、血液と組織の間のガス交換は内呼吸と呼ばれる。呼吸の観察としては、呼吸の有無と性状、呼吸数、左右差、呼吸の様式などがあげられるが、災害現場で行う初期評価としての観察では、あるかないかと、あれば回数について観察する（写真7-12）。

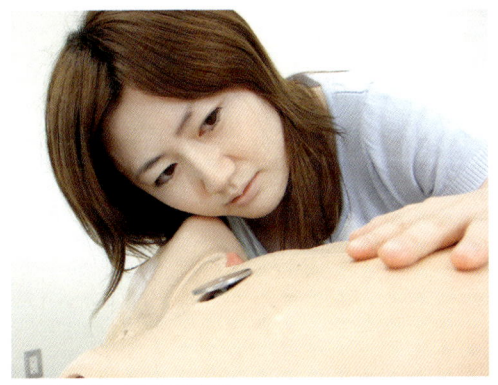

写真7-12　呼吸の確認

骨盤骨折
こつばんこっせつ

骨盤が折れること。骨折するとその周囲に出血する。骨盤骨折は多いときには3ℓも出血する。痛みで立ち上がることは不可能なので、ショック状態でなければ黄色、ショック状態では赤色となる。骨盤から血液は絶え間なく出続けるため、時間とともに状態は悪くなってくる。

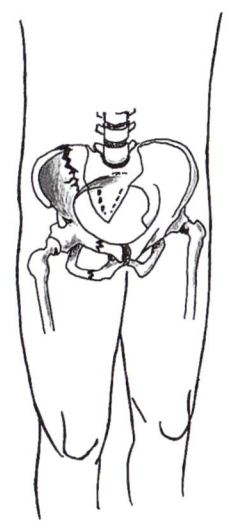

災害医療の3T
さいがいいりょうのさんてぃ

Triage（トリアージ）、Treatment（治療）、Transportation（傷病者搬送）の頭文字のこと。災害医療で大切な行為を並べたもの。

挫傷
ざしょう

スイカを割ったときのように、ある物に別の物が当たってぐちゃぐちゃに潰れることをいう。挫創ともいう。創とは傷のこと。脳挫傷、肺挫傷など。

挫創
ざそう

☞ 挫傷

酸素
さんそ

元素番号8、化学記号O、原子量16。通常は分子となりO_2として存在する。酸素は人が生きていくうえで不可欠であり、通常は呼吸により21％（大気中の酸素濃度）の酸素が肺から血液に取り込まれて全身の細胞へと供給されている。しかし、呼吸や循環の機能が障害されると十分な量の酸素が供給されなくなるため、マスク等で酸素を投与し、より多くの酸素を体内に供給する必要がある。

酸素飽和度
さんそほうわど

赤血球中にあり酸素を運ぶヘモグロビンがどれくらい酸素と繋がっているかを示す指標。パーセントで表す。すべてのヘモグロビンが酸素とつながっていれば100％。パルスオキシメータを使って測定した飽和度はSpO_2、動脈から血を採って測定したものはSaO_2（a：artery；動脈）と区別される。

ジャパンコーマスケール
じゃぱんこうますけえる

☞ Japan Coma Scale

重症度
じゅうしょうど

傷病者の生命がどれだけ危険な状態にあるかを示す尺度。トリアージでは重症・中等症・軽症もしくは緊急・準緊急・待機の3段階に分けられる。

初期評価
しょきひょうか

傷病者の重傷度を意識、気道、呼吸、循環の観察結果から迅速に判断することをいう。

除染トリアージ
じょせんとりあーじ

化学テロなどで汚染物質が皮膚や衣服に付着している可能性のある傷病者に対して、それを除くかどうかを決めるトリアージのこと。詳しくはp54を参照。

ショック
しょっく
Shock。体全体の循環が不十分になった状態のこと。心臓に血が行かなくなれば血圧が低下し、脳に血が行かなくなれば意識が朦朧とする。ショックの症状は「それきみこ」と覚える。
- 蒼白（そうはく）：顔や体が白い
- 冷感（れいかん）：触ると冷たく湿っている
- 虚脱（きょだつ）：体がだらんとする
- 脈拍微弱（みゃくはく）：脈が弱い
- 呼吸減弱（こきゅう）：呼吸が弱い

人工呼吸
じんこうこきゅう
☞ Breathing

心臓マッサージ
しんぞうまっさあじ
☞ Circulation

心タンポナーデ
しんたんぽなあで
心臓の外側を包んでいる袋（心嚢）に液体が溜まった状態。液体の量が多いと心臓の動きが悪くなる。心臓や血管に亀裂が入り、血液が漏れ出るのが原因である。袋は伸び縮みしない頑丈なもののため、限度まで溜まってしまえば心臓は動けなくなる。注射器で液体を抜くだけで救命することができるため、赤タッグの中でも緊急に入るが、心臓が裂けている場合には手術のみが救命の方法となる。

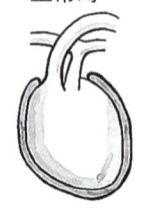

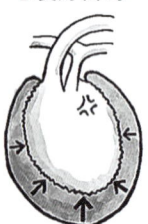

正常時　　心嚢貯留時

心嚢
しんのう
心臓を包んでいる厚い袋のこと。

心肺機能停止状態
しんぱいきのうていしじょうたい
☞ CPA

心肺蘇生法
しんぱいそせいほう
☞ CPR

頭蓋骨骨折
ずがいこつこっせつ
頭蓋骨が割れること。割れるほどのエネルギーが頭にかかるため、脳へのダメージが予想される。骨折だけでは黄タッグか緑タッグだが、頭蓋骨の内側に付着している血管が骨折とともに裂けて頭蓋内出血を起こすと、赤タッグになることもある。

生理学
せいりがく
体の仕組みを物の働きから追究する学問。心臓は生理学的には血液を送り出している。トリアージでこの用語を使う場合は、意識ABCがどのような状態にあるか確認することをいう。

脊髄損傷
せきずいそんしょう
背骨の骨折などによって、その中を走っている脊髄が傷むこと。頭に近い場所で傷めば息ができなくなるので死亡し、首の真ん中より低い場所が傷めばその場所に応じて手足が動かなくなる。ケガをした直後は血圧が下がりショック状態になるため赤タッグである。骨折部を動かすと脊髄をさらに痛めることになるので、搬送時には固定が必要。

穿刺
せんし
針で刺すこと（写真7-13）。

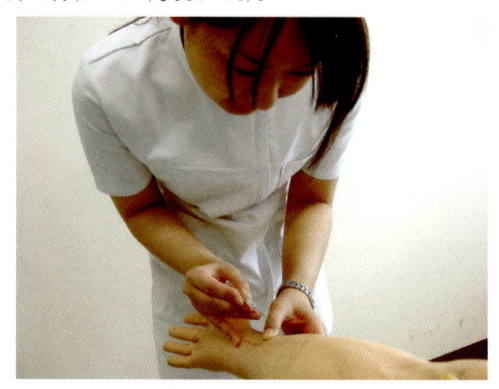

写真7-13　静脈穿刺

臓器損傷
ぞうきそんしょう
胸や腹の中にある臓器が傷を受けること。外力で裂けやすいのは肝臓と脾臓である。背中から力がかかった場合には腎臓も裂ける。2つに割れるほど大きく裂けると即死、中くらいに裂けると大量出血でショックとなり赤タッグ。小さく裂けると現場では緑タッグでも、時間とともにだんだん状態が悪くなってくる。救急で気を付けなければならない病態の一つ。

ダーティーボム
だあてぃぼむ
Durty（汚い）Bomb（爆弾）。放射性物質を詰めた爆弾のこと。爆発で放射性物質が飛散する。

体温
たいおん
体の温度。表皮の温度である体表温度と、内臓の温度である深部温度とに分類される。災害現場での器具を使った体温測定は困難な場合が多く、手足等を触った感覚で温かいか冷たいか判断することになる。救助活動が長期化する場合などでは、可能であれば鼓膜体温計などによる体温測定を考慮する。

トラウマバイパス
とらうまばいぱす
Trrauma（ケガ）Bypass（バイパス）。重症外傷の傷病者を地元の病院を通さず、直接高次医療機関へ搬送すること。

トリアージオフィサー
とりああじおふぃさあ
☞ トリアージ実施者

トリアージ実施者
とりああじじっししゃ
傷病者を観察してトリアージ区分を決める人。トリアージオフィサーTriage（トリアージ）Officer（将校）ともいう。

ドレナージ
どれなあじ
Drainage（排水）。外から管を入れて液体を出すこと。胸腔ドレナージは胸腔に管を入れて空気や溜まった液体を出すことをいう。

脳挫傷
のうざしょう
外力によって脳の一部が潰れること。潰れた部分の神経は破壊され、血管が切れることによる脳内出血でもさらに脳神経が破壊される。意識が悪い傷病者は赤タッグとなり、さらに状態が悪ければ黒タッグとなる。

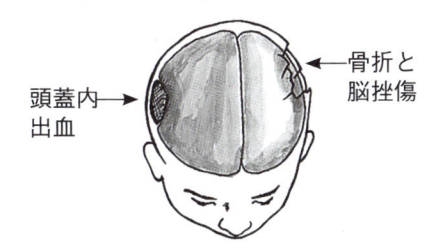

バイタルサイン
ばいたるさいん
☞ Vital sign

バッグバルブマスク
ばっぐばるぶますく
Bag（袋）Valve（弁）Mask（仮面マスク）。手動式の人工呼吸器である。鼻・口を覆うマスクと一方弁が付いたバルブ、それに自動膨張するバッグからなる。リザーバーバッグ（袋）を付けて使用すること。使用に当たって習熟を要する（写真7-14）。

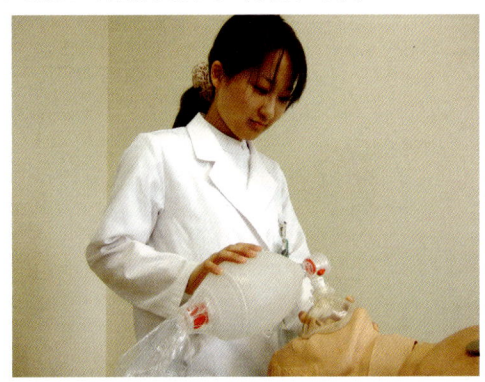

写真7-14　バッグバルブマスクと人工呼吸

皮下気腫
ひかきしゅ
首や胸の皮膚の下に空気が溜まるもの。ほとんどは気胸で、肺から漏れた空気が皮下に進んでそこで溜まったものである。意識があれば痛がる。これだけでは命に関わることはないが、緊張性気胸を発見する手掛かりになる。肺のケガもしているので通常は赤タッグとなる。

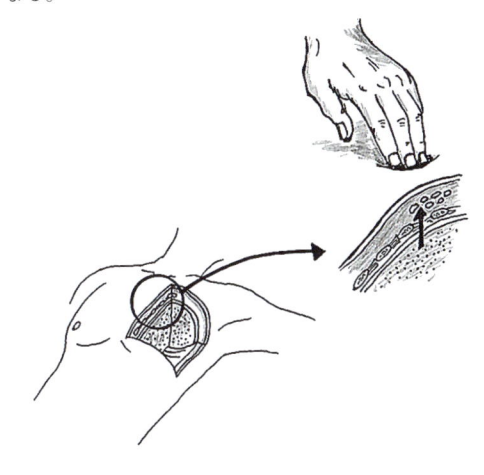

引き抜き損傷
ひきぬきそんしょう
腕に行く神経は首から何本かに分かれて出ている。首

と肩が大きく開くような力がかかった時に、その神経が首の根本からちぎれることがある。これを引き抜き損傷という。生命に危険はないので「緑」か「黄」になる。

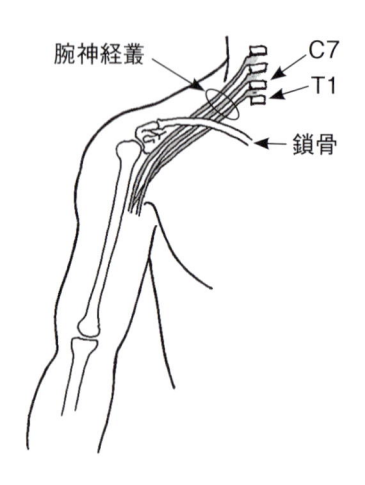

腕神経叢　C7　T1　鎖骨

吸う　吐く

被曝
ひばく
放射性物質を浴びること。

不穏
ふおん
外界への理解が不十分のため、怒りの感情とともにバタバタと暴れることをいう。老人によく見られる。ショックの症状としても見られることがある。理解が不十分になった原因を取り除くと解消する。

腹腔
ふくくう
腹で腸や肝臓などを入れた空間。胸腔を参照。

防ぎ得た死
ふせぎえたし
英語ではPreventable（防ぐことが可能）Death（死）。搬送や初期治療が適切ならば生存の可能性があった死亡のこと。傷病者の外傷部位や程度、検査所見を加味して、アメリカの生存率のデータと比較して生存の可能性を算出し判定する。

フレイルチェスト
ふれいるちぇすと
Frail（もろい）Chest（胸）。肋骨が何箇所も折れたために、息を吸ったときにその部分がくぼみ、息を吐いたときにその部分が膨らむ状態。これだけでは生命に危険はない。呼吸困難は多くの場合骨折の痛みによるため、骨折部分が動かないように固定すると楽になる。

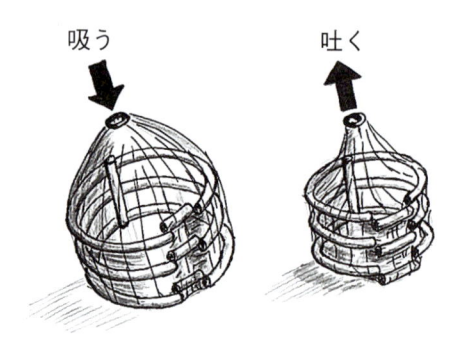

保温
ほおん
体温を正常レベルに維持すること。体表面からの熱の放散を防ぐために、毛布やアルミシートなどで体全体を包むことによって、体温低下を防ぐことが行われる。

脈拍
みゃくはく
心臓から全身に血液を送り出す時の動きが、血液の波動となって伝わるもの。通常は橈骨動脈で観察する（写真7-15）。橈骨動脈で観察ができない場合は、他の部位で観察する。橈骨動脈で脈が触れると収縮期血圧は80mmHg以上あると推測でき、頸動脈で触れると60mmHg以上あるとされる。脈拍は傷病者の精神的状態でも速くなったり、遅くなったり変動することがある。また、一般的に成人と比べて小児では速く、高齢者では遅いとされている。

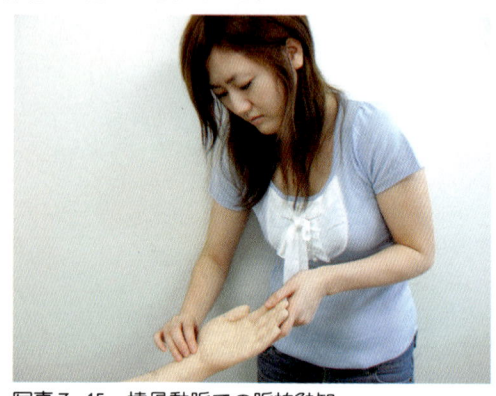

写真7-15　橈骨動脈での脈拍触知

ロードアンドゴー
ろうどあんどごう
☞ Load and Go

（玉川　進）

〈類書紹介〉

現在入手可能な類書を新刊順に紹介します。

1) 山﨑達枝 著『災害現場でのトリアージと応急処置』日本看護協会出版会、2009

　　初心者向け。著者は看護師、日本看護協会出版会発行であるが災害看護の本ではなく、一般的なトリアージと応急処置の本です。トリアージの患者カード（ここでは練習問題）が全体の２分の１強を占めており、トリアージの記述はほとんど箇条書きになっています。応急処置は全140ページ中10ページ。DVDが付いており、短時間で必要な項目を習得したい人には有益かも知れません。

2) 高橋章子 編『救急看護師・救急救命士のためのトリアージ』メディカ出版、2008

　　救急外来に勤める看護師向けの本。「救命士のための」とタイトルにありますが看護師のための本です。救急外来の患者選択が３分の２で災害現場の話は３分の１程度です。また、雑誌の連載をそのまま単行本にしたらしく、同じ文言が何回も出てきます。

3) 森下由香 著『今日から始める救急外来トリアージ』三輪書店、2007

　　トリアージの基本的な知識から、その方法を記載した上で、主訴別に実際のトリアージの手順について、分かりやすく記載されています。救急隊向けというより、救急外来で活躍する、看護師や研修医向けの本です。

4) 丸川征四郎 編著『経験から学ぶ大規模災害医療』永井書店、2007

　　量、質ともに最も優れている和書です。阪神・淡路大震災と尼崎列車事故の２つの災害をくぐり抜けてきた経験に裏打ちされた文章は説得力が違います。この一冊で、心構えから組織運営まですべてのことが分かります。経験を前面に出していて読み物としても面白く読めます。欠点としては詰め込みすぎていて、内容・文章ともに整理されていない部分が多く理解しにくいこと、辞書代わりにはしづらいこと、値段が高いことです。内容を整理し体裁を整えてくれればMIMMS第２版に匹敵する教科書となるはずなので、編者たちの仕事に期待したいと思います。

5) 小栗顕二・他 監訳『MIMMS 第２版 大事故災害への医療対応』永井書店、2005

　　教科書であり、災害医療現場だけに論点を絞った実践的な本です。トリアージ一つとっても「赤」と「黒」の中間に「待期」を設けるとか、小児のトリアージについて記載してあるなど、新たな発見があります。また、アメリカ式災害医療に慣れている消防職員・医師にとっては、イギリス式の考え方は新鮮に映ります。残念な点は、値段です。全て白黒、写真なし、イラストも

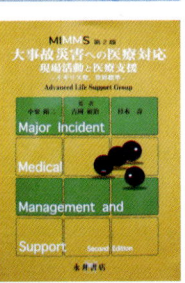

線画のみ。220ページでＡ４サイズで翻訳本にしても高すぎます。ただ、本格的に災害医療を勉強しようという人は購入すべきです。

6) 長谷貴将・他 翻訳『大事故災害における管理システム』永井書店、2006

MIMMSの副読本。変型Ｂ５サイズで、雨に濡れてもいいような高品質の紙で106ページ、それを一回り大きい外枠ファイルに納めています。内容は「現場メモ」と銘打つように、初期行動、報告、安全、トリアージなど、忘れてならない内容が盛り込まれています。現場で分厚いMIMMSの本を開かずともこの本を持って行けば大丈夫、との位置づけです。しかし最大の疑問点は、現場でこの本を開く時間的・精神的余裕があるかどうかです。もう一つ、現場に持って行くには大きすぎます。外枠のファイルが大きく携帯は無理、車載するにしても場所を取ります。必要なページだけ抜いて持って行くことを意図しているのでしょうか。それよりMIMMS第２版を買って、必要部分を書き出すなりコピーするなりしてポケットサイズのメモを作ったほうが実用的です。

7) 石原　晋・益子邦洋 監修『プレホスピタルMOOKシリーズ１～４』永井書店、2006～2008

プレホスピタルにおける救急隊員の活動について、日常の救急業務に役立つ「重症度・緊急度判断基準」の解説から、救急ヘリ・ドクターカーシステム、大規模災害を想定した多数傷病者等の対応について、救急現場での活動を中心に、具体的な災害事案の例を挙げながら詳細に記載されています。記載内容が豊富すぎて消化不良を起こすことと、４冊揃えると高価になることが欠点ですが、みんなで共有する書籍として各消防署に備えてもよい本だと思います。

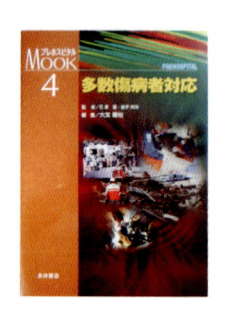

8) 東京救急協会 編著『救急・災害現場のトリアージ』荘道社、2001

下記の9)の本とは姉妹本に当たります。内容はトリアージ訓練、しかも模擬患者のリストカードで総ページの５分の４を占めていて、実際に現場で役立ちそうなのは５分の１もありません。

9) 国際災害研究会 編『トリアージ』荘道社、1999

トリアージの古典。必要な項目を簡潔に要領よくまとめている本。トリアージとは何か、現場でトリアージするためには何が必要かがよく分かります。欠点としては10年間改訂されていないため内容が古いこと、医師を対象とした本らしく消防職員や看護職員には理解が難しいこと、現場での活動について概念的であまり詳しくないことです。でも大部分は平易な記載で、値段も手頃なので入門書として最適です。

（2)・7)：高橋　功、ほか玉川　進)

2訂版
消防職員のためのトリアージ

平成21年1月30日　初　版　発　行
平成22年5月10日　2　訂　版　発　行
令和2年2月10日　2訂版9刷発行

監　修／髙　橋　　　功
編　集／玉　川　　　進
発行者／星　沢　卓　也
発行所／東京法令出版株式会社

112-0002	東京都文京区小石川5丁目17番3号	03(5803)3304
534-0024	大阪市都島区東野田町1丁目17番12号	06(6355)5226
062-0902	札幌市豊平区豊平2条5丁目1番27号	011(822)8811
980-0012	仙台市青葉区錦町1丁目1番10号	022(216)5871
460-0003	名古屋市中区錦1丁目6番34号	052(218)5552
730-0005	広島市中区西白島町11番9号	082(212)0888
810-0011	福岡市中央区高砂2丁目13番22号	092(533)1588
380-8688	長野市南千歳町1005番地	

［営業］TEL 026(224)5411　FAX 026(224)5419
［編集］TEL 026(224)5412　FAX 026(224)5439
https://www.tokyo-horei.co.jp/

© Printed in Japan, 2009

本書の全部又は一部の複写、複製及び磁気又は光記録媒体への入力等は、著作権法上での例外を除き禁じられています。これらの許諾については、当社までご照会ください。

落丁本・乱丁本はお取替えいたします。
ISBN978-4-8090-2305-7